# 应急管理新常态的

## 多 | 维 | 度 | 建 | 构

YINGJI GUANLI XINCHANGTAI DE
DUOWEIDU JIANGOU

张 建 张溢洋 张 乐／著

四川大学出版社
SICHUAN UNIVERSITY PRESS

项目策划：曾　鑫
责任编辑：曾　鑫
责任校对：孙滨蓉
封面设计：墨创文化
责任印制：王　炜

**图书在版编目（CIP）数据**

应急管理新常态的多维度建构 / 张建，张溢洋，张
乐著．— 成都：四川大学出版社，2021.5（2023.10 重印）
　ISBN 978-7-5690-2319-0

　Ⅰ．①应… Ⅱ．①张… ②张… ③张… Ⅲ．①突发事
件—公共管理—研究 Ⅳ．① D035.29

中国版本图书馆 CIP 数据核字（2021）第 045552 号

| | |
|---|---|
| 书　名 | 应急管理新常态的多维度建构 |
| 著　者 | 张　建　张溢洋　张　乐 |
| 出　版 | 四川大学出版社 |
| 地　址 | 成都市一环路南一段 24 号（610065） |
| 发　行 | 四川大学出版社 |
| 书　号 | ISBN 978-7-5690-2319-0 |
| 印前制作 | 四川胜翔数码印务设计有限公司 |
| 印　刷 | 永清县晔盛亚胶印有限公司 |
| 成品尺寸 | 165mm×230mm |
| 印　张 | 11.5 |
| 字　数 | 138 千字 |
| 版　次 | 2021 年 5 月第 1 版 |
| 印　次 | 2023 年 10 月第 2 次印刷 |
| 定　价 | 48.00 元 |

◆ 读者邮购本书，请与本社发行科联系。
　电话：(028)85408408/(028)85401670/
　(028)86408023　邮政编码：610065
◆ 本社图书如有印装质量问题，请寄回出版社调换。
◆ 网址：http://press.scu.edu.cn

四川大学出版社
微信公众号

# 坚持不懈地去多维度建构

## ——写在《应急管理新常态的多维度建构》成书之际

在《应急管理新思维——基于疫情的多维度思考》出版不到一年之际，成都市改革发展研究中心组织撰写的《应急管理新常态的多维度建构》又应运而生，其主旨是在重大的历史事件前，一定应有责任、有使命、有担当、有作为。

曾记否，疫情一级响应期间，全体研究人员、特聘人才库评审导师团导师、特聘人才库人才、联合课题组特聘研究员通宵达旦、奋笔疾书，对疫情态势及时跟进形成行之有效的对策支撑，37天成书《应急管理新思维——基于疫情的多维度思考》。难忘记，在后疫情期、常态化疫情防控条件下，研究团队及时吸纳新鲜血液，"战酷暑、斗寒天"，在前期成稿的前提下，按照每天核校1小节的进度，持续奋战月余，终成《应急管理新常态的多维度建构》样稿。

在邻近成都母亲河锦江的一个阁楼上，几位同事自发通过固定线下集中核校小组，每晚开设"云端会场"，与线上执笔人员坚持不懈地互动核校，紧跟"散点式""集聚式""散点集聚混合式"等常态化疫情防控的各地案例，开展实证式探讨，为尽最大可能地提炼出涉及总体谋划、规律探索、路径选择、节点控制、体制机制的"真知灼见",而让感性认识上升到理性思考的"火花"不断闪耀,与"万家灯火"相映相耀。此时此刻,我更坚定地相信这种思考定属于民众的需要。

昨天,蓉城飘起了雪花,在一瓣一瓣地落向天台时,我们不禁想起,如何让整体谋划关联全局、让规律探寻扭住关键、让路径措施可及可行、让节点控制准确及时、让体制机制简明有效,如雪花般剔透和相融,这正是资政人不懈的努力和求索。

正如"到了忘记他的土生土长……将从任何地方都得不到真正的生命"。即将过去的庚子年,疫情防控处于"常态",从年初的"华中"到现在的"北国",无处不闪耀着应急管理"多维度思考"或"多维度建构"的智慧与行动。我们希望通过"应急管理新思维"和"应急管理新常态"这一密不可分的"上""下"互动研究和系列研究,助推历史的车轮永远滚滚向前。

成都市改革发展研究中心主任　张　建

2021 年元月 8 日

# 目　录

# 绪　论

异于以往多数从"常态"与"非常态"两类社会环境共同叙述的研究，应对当下常态化疫情防控，应着力提升应急管理前瞻性总体谋划、科学化规律探索、高效能路径选择、强有力节点控制和长效性机制建设能力。故以常态化疫情防控应急管理工作为出发点，从一系列工作中总结出实践经验，力求对应急管理新常态下的系统应对进行多维度的处置建构。

谋划是行动的先导，不谋全局者不足以谋一域。新常态下，应先以战略的眼光分析研判应急管理的紧迫性、艰巨性、决定性，遵循以人为本、依法防控、统筹规划、科学专业、群防群控、动态调整的基本原则，展开政治、经济、文化、社会、生态等总体布局。

规律是行动的方向，顺应规律方能事半功倍。总结应急管理工作的主要经验，认识规律，把握规律，更要遵循规律和应用规律。一是拔高度，坚持人民至上、安全至上、统揽全局、把握关键的根本遵循，化险为夷、转危为机的底线思维，应急管理体系改革的特色优势。二是拓宽度，建立健全应急管理的工作格局全员化、资金投入长效化、交流合作国际化、信息引导正向化四个保障工程。三是准力度，确保强化各级责任、加强协调统筹、创新预防处突、做好群众工作走心走实。四是增厚度，主要表现为应急管理装备技术支撑有力、风险防范化解机制治理有为、防灾救灾减灾人民防线有序，筑牢智慧应急"六稳""六保"长城。五是夯效度，多元化组织应急救援队伍、立体化建设应急干部队伍、层级化压实应急主体责任，衔接好"防"和"救"的责任链条。

路径是科学的抉择，"条条大路通罗马"，唯有夯实第一条。应急管理的路径选择应遵循统筹化、科学化、系统化、未来化、民本化的原则。统筹化路径，在于建立统一高效的应急指挥调度机制，分层次落实统一谋划的行动布局、落实贯彻执行的行动部署、落实基层协调配合的行动布置。科学化路径，在于强化韧性处置措施，精准管控点状偶发式突发事件、全面推进"两手抓两手硬"、同步实施短期与长期应急管理能力建设。系统化路径，在于巩固分配有序良性循环的应急要素保障，实现法治建设规范有效、资金流向动态有序、救援队伍救治有力、应急物资调配有度、信息平台运行有方。未来化路径，在于筑牢后疫情时期"四大工程"，即多领域多层次专业人才培育工程、公共基础设施多功能性转化工程、产业优胜劣汰提质增效工程、"核高基"技术与应急领域融合工程。民本化路径，在于形成全民参与的防控意识，提高危机自察的自我防御意识、危机防范的固本强基意识、危机应对的全民抗战意识。

节点就是转捩点，一着不慎则"后患无穷"，把控有力则"游刃有余"。有效发挥节点控制对全局路径实施的助推作用，应以疫情的时空维度为转移。萌芽期有效遏制，树立红线意识、理清响应流程、提高反馈效率、提升处置能力；暴发期先期抑制，完善预警机制、高效调配资源、信息良性引导；散点期持续管控，加强应急预案指导、救治科研攻关、应急要素保障；平稳期常态运行，优化公共卫生体系、夯实社区治理基础、筑牢民生兜底保障、健全社会心理服务。

体制机制是重要保障，完善重大疫情防控体制机制，健全公共卫生应急管理体系刻不容缓。在新的历史阶段，应急管理工作的转变革新应时而生，应急导向由"实际救助"向"灾前预防"转变，应急组织由"单个主体"向"多元融合"转变，应急预警由"理论预测"向"场景演练"转变，应急处置由"分散处理"向"集约协同"转变，应急保障由"维护稳定"向"安全导向"转变。一系列转变需要切实可行的具体措施作为基础，应把握系统思维，完善风险评估，坚持决策系统高位统筹；紧抓应急节点，健全联防联控，推动执行机制长效联动；理顺权责关系，构建预警网络，确保监督机制精准发力；布局平战结合，强化多网覆盖，实现保障机制多维支撑，进而筑牢防灾减灾救灾人民防线，逐步适应应急管理常态化。大力加强应急管理体系和应急管理能力建设，为全面推进新时代国家治理提供坚实的安全保障，是推进国家治理体系和治理能力现代化的必然要求。深刻认识到应急管理的特殊重要性，扎实推进应急管理理论创新、实践创新、制度创新，为推动新时代应急管理事业改革发展做出应该贡献。

# 第一章　总体谋划

## 一、应急管理新常态的内涵、特征及意义

经过新冠疫情对应急管理体系和能力的考验，应急管理工作转入新常态。应急管理新常态下，做好常态化疫情防控、加强公共卫生体系建设等工作是重点任务。做好应急管理工作关系到人民群众的人身安全，也关系到国家治理能力和治理体系的现代化，具有全局性、根本性、长远性的战略意义，如图 1－1 所示。

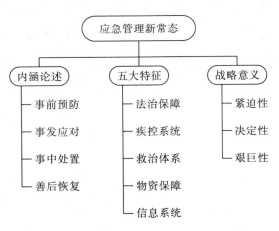

**图 1－1　总体谋划篇章结构图**

## （一）应急管理新常态的内涵论述

应急管理是指公共机构在突发事件的事前预防、事发应对、事中处置和善后恢复过程中，通过建立必要的应对机制，运用科学、技术、规划与管理等手段，保障公众生命、健康和财产安全，促进社会和谐健康发展的有关活动。

2014年5月，习近平总书记在河南考察时首次提及"新常态"，并提出了要"适应""把握"和"引领"新常态的要求。新常态，是指经过一段不正常状态后重新恢复到正常的状态。人类社会就是在从常态到非常态再到新常态的否定之否定中不断发展，人对社会的认识就是在从常态到非常态再到新常态的否定之否定中不断上升。贯穿在常态—非常态—新常态中的主线，是事物的本质与规律。

应急管理新常态是面对突发公共事件影响在一定阶段伴生的新形势和新挑战下，从根本上、战略上变革应对思路和工作方式，对应急管理的系统谋划、规律遵循、实施路径、节点控制、体制机制进行多维度建构，进而所形成的适配危机处置的经济社会有序运行状态。

《中华人民共和国突发事件应对法》（以下简称《突发事件应对法》）将突发事件分为自然灾害、事故灾难、公共卫生事件和社会安全事件四类，并按照社会危害程度、影响范围等因素，将自然灾害、事故灾难、公共卫生事件分为特别重大、重大、较大和一般四级，此次新冠疫情属于公共卫生事件中的特别重大级别。恩格斯说："没有哪一次巨大的历史灾难不是以历史的进步为补偿的。"经历此次疫情考验，我国应急管理转入新常态，意味着我国应急管理发展的条件和环境已经或即将迎来诸多重大转变，应急管理将在体制机制、预警能力、物资储备等方面全面提升。

应急管理转入新常态，要求我们要适应常态化疫情防控的现实，严防严控，巩固战"疫"成果和防止疫情反弹；要求我们要把握常态化疫情防控的机遇，以防促建，不断完善我国应对突发公共卫生事件的应急管理体系；要求我们要引领公共卫生体系建设，织密防护网，切实保障和维护人民群众的人身安全。

## （二）应急管理新常态的五大特征

### 1. 应急管理法治保障更加强化

习近平总书记在中央全面深化改革委员会第十二次会议上强调："要强化公共卫生法治保障，全面加强和完善公共卫生领域相关法律法规建设，认真评估传染病防治法、野生动物保护法等法律法规的修改完善。"① 此次疫情对突发公共卫生事件应急管理法制建设提出了新要求，比如，《中华人民共和国传染病防治法》（以下简称《传染病防治法》）在传染病的分类方式和传染病集中认定的行政程序等方面有待进一步优化。

2020 年 6 月 1 日，我国卫生健康领域首部基础性、综合性的法律《基本医疗卫生与健康促进法》实施，以此为契机，国家卫生健康委员会进一步修订《传染病防治法》《突发公共卫生事件应急条例》等法律法规，积极配合生物安全立法，抓紧制定、修订公共卫

---

① 习近平主持召开中央全面深化改革委员会第十二次会议强调完善重大疫情防控体制机制 健全国家公共卫生应急管理体系［J］. 中国行政管理，2020（02）：2.

生管理相关部门规章，构建体系完备、相互衔接、运行高效的公共卫生法律体系，应急管理转入新常态，法治保障更加强化。

**2. 疾病预防控制系统更加完善**

习近平总书记在中央全面深化改革委员会第十二次会议上强调："要改革完善疾病预防控制体系，坚决贯彻预防为主的卫生与健康工作方针，坚持常备不懈，将预防关口前移，避免小病酿成大疫。"① 疫情对疾病预防控制系统的预警能力以及基层卫生网络、防治结合、疾控专业技术人才队伍的建设等方面提出新要求。2020年7月16日，国务院办公厅印发《深化医药卫生体制改革2020年下半年重点工作任务》（国办发〔2020〕25号），明确提出要加强公共卫生体系建设，改革完善疾病预防控制体系，完善传染病监测预警系统。

**3. 重大疫情救治体系更加完备**

习近平总书记在中央全面深化改革委员会第十二次会议上强调："要改革完善重大疫情防控救治体系，健全重大疫情应急响应机制，建立集中统一高效的领导指挥体系，做到指令清晰、系统有序、条块畅达、执行有力，精准解决疫情第一线问题。"② 疫情下的公共卫生体系建构，更应注重增强救治能力，特别是在发热门诊、传染病救治床位、重要医疗设备以及医疗物资等重要组件的完善方面。

---

① 习近平主持召开中央全面深化改革委员会第十二次会议强调完善重大疫情防控体制机制　健全国家公共卫生应急管理体系［J］. 中国行政管理，2020（02）：2.

② 习近平主持召开中央全面深化改革委员会第十二次会议强调完善重大疫情防控体制机制　健全国家公共卫生应急管理体系［J］. 中国行政管理，2020（02）：2.

2020 年 5 月 9 日，国家卫生健康委员会印发《公共卫生防控救治能力建设方案》，提出了疾病预防控制体系现代化建设、全面提升县级医院救治能力、健全完善城市传染病救治网络、改造升级重大疫情救治基地、推进公共设施平战两用改造等建设任务。在患者救治工作中，我国摸索出了许多行之有效的救治经验：建设方舱医院以快速扩充床位，改造综合医院使之符合传染病收治要求，统筹重症、轻症分类管理；坚持中西医结合，推进规范化、同质化治疗等。这些措施有力提高了治愈率、降低了病亡率，为我国以后应对重大突发公共卫生事件提供了良好经验，使重大疫情救治体系更加完备。

**4. 应急物资保障体系更加健全**

习近平总书记在中央全面深化改革委员会第十二次会议上强调："要健全统一的应急物资保障体系，把应急物资保障作为国家应急管理体系建设的重要内容，按照集中管理、统一调拨、平时服务、灾时应急、采储结合、节约高效的原则，尽快健全相关工作机制和应急预案。"[①] 面临重大疫情，在公共卫生应急投入、相关医疗物资既有储备和产能储备等方面提出"超极限"需求，诸如口罩、护目镜、防护服、检测试剂的应急储备等都是决胜之要。国务院办公厅印发的《深化医药卫生体制改革 2020 年下半年重点工作任务》中明确提出了增加防疫救治医疗设施和移动实验室，加强药品和医疗防护物资储备，加大疫苗、药物和快速检测技术研发投入等工作任务。国家通过一系列的措施和制度，健全和完善应急物资保障

---

① 习近平主持召开中央全面深化改革委员会第十二次会议强调完善重大疫情防控体制机制　健全国家公共卫生应急管理体系［J］．中国行政管理，2020（02）：2.

体系。

**5．应急管理信息系统更加科学**

互联网、大数据、人工智能、区块链等新一代信息技术在此次疫情防控中发挥了重要作用。应急管理信息系统通过建立科学、规范、系统、动态的长效工作机制，基于大数据、人工智能等先进技术，依托物联网、地理信息服务等方式开展对风险隐患的全方位监测预警、评估与精细化治理，以数字化、网络化、智能化、互动化的建设工作，构建全方位、立体化的城市应急管理体系，创新"统一高效、指挥可靠、快速协同"的智慧安全管理和风险主动防控新模式。2020年7月23日，应急管理部召开"互联网＋监管"系统建设应用协调推进会，强调要把推进应急管理信息化作为提高应急管理体系和能力现代化的重要基础性工作，要站在坚决贯彻落实习近平总书记重要指示精神的政治高度来抓好"互联网＋监管"系统建设应用工作，主动适应信息化发展大势，充分学习应用互联网、大数据等现代信息技术，不断提高监管执法能力和应急管理现代化水平。

**（三）应急管理新常态的战略意义**

**1．应急管理的紧迫性**

习近平总书记指出："确保人民群众生命安全和身体健康，是我们党治国理政的一项重大任务。"[①] 应急管理新常态下，疫情防控是最大限度保障人民群众生命安全和财产安全的负责之举。2020

---

① 习近平主持召开中央全面深化改革委员会第十二次会议强调完善重大疫情防控体制机制　健全国家公共卫生应急管理体系 [J]. 中国行政管理，2020（02）：2.

年5月以来，我国疫情防控向好态势进一步巩固，防控工作已从应急状态转为常态化。由应急性超常规防控向常态化防控转变，并不意味着防控措施可以减少。客观来说，经济社会发展急需"回血"，企业商家期待消费"回暖"，更多人渴望生活"回复"。正因为一失万无，所以巩固战"疫"成果至关重要，常态化疫情防控将是未来一段时间的重要任务。从做好"六稳"工作，到落实"六保"任务，任何人都必须提高警惕，杜绝麻痹思想、厌战情绪、侥幸心理、松劲心态，必须督促落实常态化疫情防控举措，毫不懈怠抓好各项工作，把风险降到最小、影响降到最低，全力保障人民群众的生命安全和财产安全。

## 2. 应急管理的决定性

应急管理新常态下，疫情防控是防范化解重大风险挑战和维护国家安全的重要举措。当前，我国总体形势向上向好，比历史上任何时期都更接近、更有信心和能力实现中华民族伟大复兴的目标。"船到中流浪更急，人到半山路更陡"，越是在这种时候，越是要有居安思危的忧患意识。突发急性传染病传播迅速，危害巨大，如果处置失当、应对失误，不仅严重影响人民群众日常生活，还会造成人心恐慌、社会不稳，消解经济社会多年建设成果。我们必须完善体制机制，坚持底线思维，时刻防范好卫生健康领域重大风险，密切关注全局性重大风险，加强公共卫生队伍建设和基层防控能力建设，推动医防结合，真正把问题解决在萌芽之时、成灾之前。

## 3. 应急管理的艰巨性

习近平总书记指出："这次抗击新冠肺炎疫情，是对国家治理体系和治理能力的一次大考。"① 应急管理新常态下，疫情防控是健全国家治理体系和提升国家治理能力的必然要求。应急管理作为国家治理体系和治理能力的重要组成部分，承担防范化解重大安全风险、及时应对处置各类灾害事故的重要职责，担负保护人民群众生命财产安全和维护社会稳定的重要使命。重大传染病疫情直接影响经济社会发展大局稳定、严重影响国家安全，其冲击力和危害性是巨大的。随着疫情的全球化蔓延，其对各国应急管理体系无疑是一次全面持久的考验。坚持不懈地健全和完善适应新形势的突发公共卫生事件应急管理体系，是推进国家治理体系和治理能力现代化的必然要求。

## 二、应急管理新常态的基本原则

习近平总书记在 2020 年 2 月 3 日中共中央政治局常务委员会会议上强调："做好疫情防控工作，直接关系人民生命安全和身体健康，直接关系经济社会大局稳定，也事关我国对外开放。"在不断变化的国内国际疫情防控形势下，应急管理工作和常态化疫情防控需要基本原则的树立与区分，以此作为总体谋划和布局的原点与准则。新的形势与挑战正是对一个国家治理体系与治理能力的考验和机遇。基于此，应急管理新常态下，应急管理工作不仅要始终坚持以习近平新时代中国特色社会主义思想为指导，深刻认识到常态化疫情防控的关键地位，而且要坚守以人为本、依法防控、统筹规

---

① 习近平主持召开中央全面深化改革委员会第十二次会议强调完善重大疫情防控体制机制　健全国家公共卫生应急管理体系［J］. 中国行政管理，2020（02）：2.

划、科学专业、群防群控、动态调整六大基本原则（如图1－2），为应急管理常态化打牢基础、校准方向。

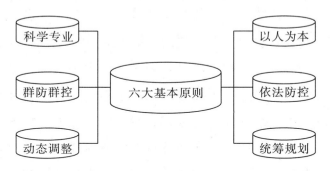

图1－2　应急管理六大基本原则

## （一）以人为本

习近平总书记强调："生命重于泰山。"① 人的生命安全高于一切，尊重和保护每个人的生命和尊严的人本理念是彻底区别于物本理念的。"以人为本"是一个具有永久普适性和需求性的原则。从含义上看，"以人为本"指的是对人民个体尊严和生命的尊重、敬畏，并以此作为一切思想与行动的根本。在《现代经济词典》中，"人本理念"解释为：以人的需要和利益、人的作用、人的全面发展为中心、为本原、为出发点和归宿的价值观、发展观与管理思想。

习近平总书记指出："始终把人民群众生命安全和身体健康放

---

① 中共中央政治局常务委员会召开会议　研究加强新型冠状病毒感染的肺炎疫情防控工作　中共中央总书记习近平主持会议［J］. 党建，2020（02）：1.

在第一位。"① 这是党坚持"人民至上"执政理念最具体鲜明的体现。2020 年 6 月 7 日，国务院新闻办公室发布《抗击新冠肺炎疫情的中国行动》白皮书，将我国抗击疫情取得阶段性胜利的强大力量首要来源归结为坚持"人民至上、生命至上"的态度和行动原则，坚持不惜一切代价地维护人民生命安全和身体健康。

以人为本原则体现在重视人民、保护人民、依靠人民、服务人民上，其坚持的是以人民为中心的发展思想，在"统筹国内国际两个大局""统筹推进疫情防控和经济社会发展"中维护人民利益，全力保障人民的生命权、健康权。公共部门需时刻清醒认识到广大人民群众是做好公共治理、应对突发事件过程中应该重视、保护、依靠和服务的对象。因此，应急管理决策者、执行者、参与者需要努力防范和化解重大安全风险，维护人民群众的生命财产安全和社会稳定，其思想提高和素质培养是硬性要求。

## （二）依法防控

在依法治国进程中，实施应急管理是国家治理体系与治理能力现代化的重要组成部分，这就要求应急管理工作比以往任何时候都更需要完善的法律法规体系作支撑，法治化治理机制是预防和控制突发公共事件的重要保障。概念上而言，"依法防控"指的是在预防、应对和控制重大突发事件过程中，公共部门应全面依法履行职责、社会群体应全面依法履行权利和义务，实现社会群体思维法治化、应急体系法制化。坚持依法防控的基本原则，必须坚持法治思

---

① 中共中央政治局常务委员会召开会议　研究加强新型冠状病毒感染的肺炎疫情防控工作　中共中央总书记习近平主持会议［J］. 党建，2020（02）：1.

维，在立法、执法、司法、守法各环节上发力，提高依法防控、依法治理能力。

习近平总书记在中央政治局第十九次集体学习时指出："要坚持依法管理，运用法治思维和法治方式提高应急管理的法治化、规范化水平，系统梳理和修订应急管理相关法律法规，抓紧研究制定应急管理、自然灾害防治、应急救援组织、国家消防救援人员、危险化学品安全等方面的法律法规，加强安全生产监管执法工作。"①依法防控原则体现在应急法律法规的建立与完善、突发公共事件的依法处置、广大群众的普法宣教等方面。

面临防控任务艰巨、形势多变的局面，法治成为应对问题的治本之策。这就需要全面完善补充既有法律法规、制度规章，强化应急管理和应急救援的基础保障；执法主体不仅需要确保司法的权威，更应依法办事，注重自身行为的规范性，有效保护人民的合法权利；引导公众树立守法的自觉，增强依法解决问题、保护自身合法权益的认识。

## （三）统筹规划

应急管理工作开展的必要前提条件是进行科学、系统、完备的统筹规划。"统筹规划"指的是运用统筹兼顾的基本思想，对复杂目标进行统一筹划、合理安排和分析，得出相应指标体系，并获得针对全局和各部分的最优决策及协调机制。应急管理工作中，统筹

---

① 习近平在中央政治局第十九次集体学习时强调 充分发挥我国应急管理体系特色和优势 积极推进我国应急管理体系和能力现代化［J］. 中国应急管理，2019（12）：4－5.

规划要求各项资源优化配置、社会力量广泛参与、防范和处置措施准备到位。

党的十九大报告指出，要提高党把方向、谋大局、定政策、促改革的能力和定力，确保党始终总揽全局、协调各方。疫情防控步入常态化阶段，需加强各级党组织统筹规划、协调各方的作用，确保各负其责、运行高效。在疫情防控中体现的集中统一、上下协同的统筹机制成为应急防控工作的成功经验，同时也要求在应急预警、预案、预演等超前规划上作更加具有全局性、根本性、长远性的统筹。

统筹规划原则体现在统一指挥、分级分步、各方协调、有效储备，对决策指挥体系、应急演练和保障体系、应急法律制度、综合协调和恢复重建机制的建立和完善都提出了更高的要求。针对新常态的应急统筹和规划工作势必是长线的，因此政府主导、分级负责的统一协调运行机制需贯穿始终，有限的防控救治资源需优化配置，并且通过提前谋划、综合考虑、完善制度、增强保障、弥补短板，满足应对突发公共事件的需求。

## （四）科学专业

尊重科学规律、采用专业手段进行预防和应对处置是应急管理的基本原则和关键武器。理论上而言，在应对一起突发事件的全流程中，"科学专业"指的是遵循客观规律和事实情况的处理方式和机制，并采取一系列专业有效的科学技术手段，达到掌握趋势性规律、增强科学保障、促进社会和谐健康发展的目的。我国疫情的总体防控要求是"坚定信心、同舟共济、科学防治、精准施策"，这为科学防控工作提出了旗帜引领，需要我们用好科技手段，实施精准防控。

在 2019 年 11 月 29 日的中共中央政治局第十九次集体学习时，习近平总书记特别指出："要强化应急管理装备技术支撑，优化整合各类科技资源，推进应急管理科技自主创新，依靠科技提高应急管理的科学化、专业化、智能化、精细化水平。"① 2020 年 3 月 2 日，习近平总书记在北京考察时强调："人类同疾病较量最有力的武器就是科学技术，人类战胜大灾大疫离不开科学发展和技术创新。"② 因此，遵循科学规律开展防控工作，秉持科学专业的态度，才能进一步提高应急防控的科学性和精准性。

科学专业原则体现在科学评估、科学规划、科学防控、科学支撑上，该原则要求我们在基于科学认知和事实积累的基础上，不断实践、研究、总结和完善，充分发挥科技力量，从而提高应急管理水平。因此，疫情防控常态化下，应坚持以科学为先导、依据和支撑，进行工作的评估和规划，充分运用科技创新成果，组织医学科研领域专业力量进行科学决策，利用大数据等专业技术强化形势研判，实施科研应急攻关，构建科学高效的工作机制，推进医、教、研、防、管融合发展，为疫情防控提供有力科技支撑。

---

① 习近平在中央政治局第十九次集体学习时强调 充分发挥我国应急管理体系特色和优势 积极推进我国应急管理体系和能力现代化［J］. 中国应急管理，2019（12）：4-5.

② 习近平在北京考察新冠肺炎防控科研攻关工作时强调：协同推进新冠肺炎防控科研攻关 为打赢疫情防控阻击战提供科技支撑［J］. 中国信息安全，2020（03）：6-7.

### （五）群防群控

以广大人民群众为主体进行防控应对是应急管理工作的重要手段。从概念上看，"群防群控"指的是面对突发公共事件时，开展社会动员、发动全民参与，在全国甚至全球范围内实施大规模应对举措，在疫情防控中呈现为凭借集体力量，构建起一个群防群控、联防联控的防控体系。未来一段时间内，疫情防控将作为常态化工作长期存在，只有依靠群众，完善"群众自防自治、社区群防群治、部门联防联治、相关单位协防协治"的基层应急管理体系，才能把握住经济社会发展的底线和生命线，开启新常态下的新发展模式。

在 2020 年 2 月 12 日召开的中共中央政治局常务委员会会议上，习近平总书记指出："疫情防控工作到了最吃劲的关键阶段"，"人口流入大省大市要按照联防联控、群防群控的要求……切实做好防控工作"[①]。2020 年 3 月 10 日，在湖北武汉考察疫情防控工作期间，习近平总书记强调"打赢疫情防控人民战争要紧紧依靠人民"，"把群众发动起来，构筑起群防群控的人民防线。"中央统一领导下的防控工作，通过各地各方力量的贯彻和严格落实，在全国形成了全面动员、部署、覆盖和强化的局面。

群防群控原则体现在预防为主、落实责任、突出重点、全面督查、公开民主上。"预防是最经济最有效的健康策略"，应急管理首先须立足于防，将事前防范工作趋向于常规化；突出重点环节，落

---

① 《求是》杂志发表习近平总书记重要文章《在湖北省考察新冠肺炎疫情防控工作时的讲话》[J]. 中国公共卫生管理，2020，36（02）：140.

实各方责任，管理部门加强组织领导，以明确的防控标准和职责分工制度进行全方位的督导、核查，确保属地、部门、单位和个人防控工作做到位；通过信息公开透明、机构协同和资源配置，注重公众健康利益和切实需求，齐心协力、民主化开展防控工作。

## （六）动态调整

事物具有不断变化发展的特点，紧跟时代、尊重事实的理念要求应急管理工作应随着对突发公共事件认识的不断深化，及时进行措施、方针的调整与优化，进而不断提高防控能力。从含义上理解，"动态调整"指的是在应急管理过程中，根据目标对象的演变情况、能动者的认知与能力变化、客观大环境的发展趋势，依据事实和时代精神，对制定的政策、举措和决定进行及时调整和动态调节，以此达到最佳目的。实行动态调整，有利于更准确地把握问题、解决问题。

《关于科学防治精准施策分区分级做好新冠肺炎疫情防控工作的指导意见》指出，各地各有关部门要贯彻党中央关于突出重点、统筹兼顾、分类指导、分区施策的要求，分区分级精准防控，强调各省级人民政府要动态调整辖区内低风险、中风险、高风险县（市、区、旗）名单。除了坚持"外防输入、内防反弹"的总体策略，也需要各部门各群体及时发现、处置、分类实施精准管控，进而灵活强化外防输入，平衡疫情防控与经济社会发展之间的关系。

动态调整原则体现在实事求是、与时俱进、目标导向、精准治理上。在解决问题的过程中，除了重视问题本身之外，战术应灵活机智，充分发挥人民群众的智慧与力量，塑造出乐观积极的社会心态，进而助力经济社会平稳可持续发展。应急管理中，调整应以事实与数据为依据，时刻把握当下迫切目标任务及其阶段性特征，实行分层、分类的差异化治理，根据各地实际情况精准调整政策和防控措施。

## 三、应急管理新常态的总体布局

疫情对政治、经济、文化、社会、生态方面都产生了深远的影响，群众消费理念、健康观念、资讯观念等也发生了改变，这标志着后疫情时代的到来。在后疫情时代，虽然面临着诸多挑战，但在常态化疫情防控条件下，政治、经济、文化、社会和生态方面的发展也有了新契机，同时也对应急管理工作提出了更高要求。

### （一）政治建设

政治建设是党的根本性建设。应急管理应以政治建设为统领，把政治建设融入应急管理事业发展的全过程，以党建引领应急管理事业高质量发展。要持之以恒加强理论武装，深入学习马克思主义理论、习近平新时代中国特色社会主义思想、习近平总书记关于应急管理工作的重要论述，准确把握新时代推进应急管理能力、体系建设的精髓要义和基本要求，始终以党的科学理论武装头脑、指导实践、推动工作。

疫情能够得到及时、有效控制，得益于我国社会主义制度能够集中力量办大事的政治优势。一是体现在集中领导方面。坚持党对一切工作的领导，是党和国家的根本所在、命脉所在，是全国各族人民的利益所在、幸福所在。疫情发生后，坚持把人民群众生命安全和身体健康放在第一位，全面加强对疫情防控的集中统一领导。二是体现在统一指挥方面。统一指挥是疫情防控取得全面胜利的关键所在。在统一指挥下，坚持"全国一盘棋"，以最快速度集中优势力量应对疫情，有效协调各领域、各层级资源，打赢战"疫"保卫战。三是体现在凝心聚力方面。面对来势汹汹的病毒，卫生、消防、科研、新闻宣传等领域的各条战线上，"最美逆行者"们积极响应号召，团结一心、步调一致地抗击疫情，关键时刻毫不退缩，危难关头毫不畏惧，义无反顾、逆行而上，充分展现了中华民族以爱国主义为核心的民族精神。

应急管理新常态下，应急管理工作应以党建为引领，充分发挥中国特色社会主义制度的优势。应急管理工作具有急难险重、任务量大、点多面广的特点，经常要进行跨部门、跨层级、跨地域、跨领域协调。这就要求充分运用好我国社会主义制度这一显著优势，构建一个统一指挥、权责一致、权威高效的国家应急体系。未来，我国应急管理应继续坚持"全国一盘棋"的思路，进一步厘清各层级各部门责任，注重筑牢地方应急管理基础，使优质公共卫生资源下沉、应急管理力量下沉。

## （二）经济建设

经济基础决定上层建筑，上层建筑反作用于经济基础。经济对于一个国家的发展至关重要，经济的发展不仅可以提高人民的生活水平，还可以增强综合国力、提高国际竞争力，也有利于社会主义制度、应急管理制度等上层建筑的建设。应急管理是经济发展的安全保障，可以有效预防和应对突发事件，能够在一定程度上避免和减缓突发事件给经济发展带来的负面影响。

疫情给经济发展带来了前所未有的冲击。一是企业生产经营安排受到影响。春节假期延长、延迟复工减少了有效工作日，部分省市限制交通也影响了生产所需的人员和物资流动。国家统计局发布的数据显示，2020年上半年我国国内生产总值同比下降1.6％。其中，一季度GDP同比下降6.8％，二季度GDP同比增长3.2％①。二是需求面指标同比放缓。疫情发生以来，零售、餐饮、旅游等消费支出明显下降，同时深刻影响了经济主体行为，特别是消费者可能较长时间减少到商场、影院等人流密集场所的消费。据国家统计局发布的数据显示，2020年1～7月份，社会消费品零售总额为204459亿元，同比下降9.9％。其中，除汽车以外的消费品零售额184890亿元，同比下降9.7％②。三是外部输入型风险将继续冲击国内经济。国际贸易受阻的状况短期难以改善，外需可能继续下降，进一步拉低经济增速。2020年上半年货物进出口总额为142379亿元，同比下降3.2％，其中，一季度同比下降6.5％，二季度同比下降0.2％。

但是，这场危机也推动了新领域的发展，催生了新的管理方式和商业模式。例如，居家办公、在线学习、无人配送等，以大数

①　国家统计局. 统筹防疫和发展成效显著 上半年国民经济逐步复苏［EB/OL］.（2020－07－16）［2020－07－26］http://www. stats. gov. cn/tjsj/zxfb/202007/t20200716_1776194. html.

②　国家统计局. 2020年7月份社会消费品零售总额下降1.1％［EB/OL］.（2020－08－14）［2020－08－26］http://www. gov. cn/shuju/2020－08/14/content_5534772. htm.

据、人工智能为代表的新技术得到了快速发展，数字经济、智能制造等新产业形成了更多经济增长极，为经济下一阶段增长提供了更多支撑。疫情加速了中国数字经济的发展，2020 年上半年，全国高技术制造业增加值增长 4.5％，电子商务服务业的投资额增长 30％；全国实物商品网上零售额 43481 亿元，同比增长 14.3％；一些新兴产品和服务业呈现快速增长态势，生物医药、电子及通信设备、医疗仪器设备等行业增加值同比分别增长 13.8％、7.2％ 和 27.2％，其中 6 月份 3D 打印设备、智能手表、充电桩等产品产量增长超过 40％①。

应急管理新常态下，应急管理工作要求经济建设应以新基建为新引擎，创新驱动发展。一是新基建助力疫情防控和复工复产。在此次疫情防控过程中，从"高危人群疫情态势感知系统"到"5G 融合"，从"AI 外呼机器人"到"健康码"，从"核酸检测试剂"到"疫苗研发"，疫情防控工作已经变成了各种"黑科技"的"练兵场"。以人工智能、大数据、5G 等新技术、新应用为代表的新型基础设施建设，在推进疫情防控和复工复产上发挥了巨大作用，病毒检测诊断、疫苗新药研发、防控救治等方面的速度和效率也得到了快速提升。二是新基建助力线上经济发展。疫情期间服务业遭遇重创后成功转型，线上餐饮、办公、教育、云会展等线上经济兴起。截至 2020 年 5 月 8 日，全国有 1454 所高校开展在线教学，参

---

① 国务院新闻办公室. 国务院新闻办就 2020 年上半年工业通信业发展情况举行发布会［EB/OL］.（2020－07－23）［2020－07－26］http://www.gov.cn/xinwen/2020－07/23/content＿5529422.htm.

加在线学习的大学生共计 1775 万人、23 亿人次①。2020 年 5 月 7 日，上海贸促会与阿里巴巴共同建设"云展平台"，各汽车厂商纷纷在平台上展示自己的新款汽车。三是新基建助力传统制造业智能升级。新基建给传统制造业装上"智慧大脑"和"智能中枢"，降低了成本，提高了信息化程度。在工业领域，智能制造已经推进多年，部分制造企业也开始积极上云，探索产业云模式。在此次疫情中，国内工业互联网平台无论在优化调度、异地协同，还是在远程服务方面，优势均得到充分发挥。

### （三）文化建设

人类社会的"文化"具有可传播、可继承、可渗透，且被广泛认可和接受、被实际需要的特性，是社会治理的关键一环。应急管理所涉及的核心文化便是应急文化，其是个人和社会群体在应对突发事件中产生的精神、制度、思维、行为等文化方面内容的统称。无论是常态化还是非常态化的应急管理，其目的都是保障社会安全。"安全"强调的是在个人安全、团体安全、社会安全、国家安全等层面，对应主体能够达到一种控制在没有危险、不受威胁的状态。以安全文化建设为导向的应急文化建设，包含应急精神文化、应急物质文化、应急制度文化和应急行为文化建设等各方面内容，其建设、培育、弘扬都需要以人民为依靠和开展对象。新时期新形势下，人民对公共安全的要求和期待正日益上升，这使得培育应急

---

① 中新网. 教育部：全国 1454 所高校开展在线教学 1775 万大学生参加 ［EB/OL］. （2020−05−14）［2020−07−26］ http://www.edu.cn/info/focus/xs_hui_yi/202005/t20200514_1727220.shtml.

文化和安全文化、建设应急文明社会和安全文明社会成为当前的必然选择。

在这场全球性突发公共卫生事件中，我国应急文化的特点表现在以广大人民群众为中心的家国情怀、党政引领、超大规模上，这是我国应急文化软实力的体现和应急管理实践产生的有效防控经验。2020年1月24日至3月8日，共有多支国家医疗队、众多医务人员和多名公共卫生人员驰援湖北；2020年2月初，中央文明办在《关于在打赢疫情防控阻击战中有针对性地开展精神文明教育的通知》中提出，要引导广大人民群众增强自我防护意识，倡议发挥精神文明创建活动的群众性优势，凝聚精神力量，创造良好环境。与一系列紧急行动相配合，我国举全国之力抗击疫情，开展了中华人民共和国成立以来规模最大的医疗支援行动，取得了疫情防控阻击战的重大战略成果。

应急文化的建设也有诸多提升空间：增强自主意识、风险意识和危机意识，加强应急和安全的理论研究与建设规划，提升科普宣传与防控救治能力，促进文化与经济社会协同发展等。应急文化建设作为一项庞大繁复的重大系统工程，必须通过科学的统筹和全方位的顶层设计进行更完备的规划和实施。

应急管理新常态下，应急文化的建设布局集中在思想教育、社会参与、制度保障三大领域。思想教育上，我们在思想准备上首先需明确疫情防控的常态性和复杂性，以社会主义核心价值观和总体国家安全观为引领，始终坚持"健康中国"战略，开展爱国卫生运动等，通过加强文化宣传教育来营造文明、积极的长期防控氛围，紧扣应急主题，创新方法途径，加强文化和教育方面的专业人才队伍建设，有重点地开展培训工作。社会参与上，公众作为组织者和参与者，是提高社会应急文化建设能力的主体，全民参与是营造良好文化氛围的基础，基层文化队伍建设是推进应急文化建设的重要保障，并且安全意识与应急文化都需渗透在机关、社区、企业、学校、家庭等各个方面。制度保障上，以理论研究和科技为重要手段，以建立和完善应急文化法律法规、应急文化体系和应急文化管理体制机制作为保障，各级应急管理部门应立足全局、系统思考，高水平制定"十四五"应急文化建设发展规划，鼓励、提供、开展深层次公共文化服务与活动以及配套设施建设。

（四）社会建设

社会建设主要包括教育事业、科技事业、文化事业、医疗卫生、体育事业、劳动就业、社会保障、社区建设、旅游事业等方面。医疗事业是应急管理的重要组成部分和关键环节，应急管理中医疗事业的作用主要体现在公共卫生应急管理体系方面，公共卫生应急管理体系的建设是切实履行法定职责的必然要求，是巩固完善国家应急管理体系的基础工程。着力健全公共卫生应急管理体系是我国公共卫生管理体系建设的重中之重，也是提高应对突发重大公共卫生事件的能力水平的关键，更是维护国家长治久安促进经济社会发展的重要基石。

此次疫情对公共卫生基本设施保障与现行经济发展水平的匹配性提出了更高的要求，应坚决杜绝初期防控预案缺乏、数据共享及转化应用渠道不畅、疫情应急法治建设不完备、应急资源普查和灾情数据库等基础性工作缺失等现象。同时，应对重大突发公共卫生事件所需要的重要物资储备在总量、布局、结构等方面应达到均衡，尽最大可能避免疫情应对的综合保障能力不足和一线人员感染风险等问题。

应急管理新常态下，应急管理工作在社会建设方面应加强公共卫生体系建设，健全国家公共卫生应急管理体系，有效预防、控制、化解、消除重大急性传染病等公共卫生事件。人类社会发展到今天，传染病等重大疫情风险从未远去。近30年来，全球出现新发传染病40多种，传播范围广、蔓延速度快、社会危害大，成为全球公共卫生治理的重点和难点。只有构建起强大的公共卫生应急管理体系，织紧织密"防护网"、筑牢筑实"隔离墙"，着力加强公共卫生基础设施建设、公共卫生专业人才队伍建设、公共卫生法制建设，才能为人民健康提供有力保障。

## （五）生态建设

基于人与环境是息息相关的命运共同体、人与自然和谐统一的美好愿景，我们在考虑应急管理和社会治理时必须切实关注生态方面的应急建设工作。"生态"这一概念，原义指一切生物的存在状态，以及生物之间、生物与环境之间密不可分、紧密相连的关系。随着历史文明、经济发展和社会变革，"生态"的范畴和内涵也不仅仅包括生态环境、生态文明、生态系统等，更多还被赋予了人类对于美好生活的向往和期许。以疫情防控常态化为例，人民群众与自然环境之间的矛盾和关系在这个时期，比往常显得更突出和紧张。由此产生的生态应急管理工作，在疫情防控顶层设计、生态环保抗疫新模式探索、防疫环境应急保障、群众环境健康诉求满足等方面，面临着建设和完善环境应急管理体系、提高现代化应急管理能力的重任。

2020 年疫情初期，生态环境部组织编制了《中国生物多样性保护战略与行动计划（2011—2030 年）》，联合中科院编制发布《中国生物多样性红色名录》。多个省（自治区、直辖市）生态环境部门迅速成立疫情防控领导小组。全国各省（自治区、直辖市）生态环境部门多措并举，加强对医废转运、处置等环节的监管，加强环境监测预警。截至 2020 年 3 月，全国医疗废物处置能力由疫情前的 4902.8 吨/天，提高到 6022 吨/天，增加了 23%，涉疫情医疗废物占比 20%左右，基本能够做到日产日清①。全国齐心协力保障应急物资供应，开展防疫环保技术科技攻关，为疫情重灾区医院的建设提供病毒感染性废水处理技术方案及应急处置装备等，为环境应急工作积累了宝贵经验。

然而此次疫情仍给应急防控生态环境工作带来许多挑战，加之生态建设处于攻坚阶段的整体局势，环境治理难度较大。截至 2020 年 3 月，全国医疗废物日处置量由疫情初期的 2000 多吨增加到最高 3200 多吨，虽然平均运行负荷率为 50%左右，但这是在非常态应急状态下达到的程度②。医废处置目前仍存在分布不平衡、防控常态化下难以保持高效高质量运行的问题与风险，需建立从收集、

---

① 生态环境部. 生态环境部 2 月例行新闻发布会实录［EB/OL］.（2020－03－11）［2020－05－03］http://www. gov. cn/xinwen/2020－03/11/content _ 5489980. htm.

② 生态环境部. 生态环境部 2 月例行新闻发布会实录［EB/OL］.（2020－03－11）［2020－05－03］http://www. gov. cn/xinwen/2020－03/11/content _ 5489980. htm.

转运到处置的完整工作体系，以弥补医疗废物处置能力的短板。相关行业企业受到疫情冲击，如何在坚持环境防护的同时开展复工复产也是亟待处理好的问题。只有善于吸取教训、总结经验，优化整治体系、科研培训、队伍建设等，才能为人与自然的长远协同发展保驾护航。

应急管理新常态下，生态环境的应急建设布局集中在体系机制、监管督查、检测防治三大领域。体系机制上，应急管理体系和机制的健全是守牢生态环境安全的底线。以强化风险管控，加强研判预警、落实防范和协作机制，维护正常生产生活秩序等为目的，健全完善应急预案体系和环境应急联防联控机制，构建环境应急物资保障体系，完善社会复工复产相关环境领域的制度和政策。监管督查上，采用多项举措加强生态环境监察监管，扩大公众了解和监督程度，是做好防范工作的强力保障。这需要管理部门切实履行监管职责，实施全方位零死角的环境监督，加强关键环节如在疫情下对医疗废物收集处理等的监督管理；生态环保工作需要全民的支持和参与，人民群众有权且有必要获取公开信息，这将成为环境应急管理的强大力量。检测防治上，提高环境保护和检测、污染和风险预防、处置和优化环境的能力，是环境应急管理的基础。面对重大生态环境风险和困境时，更重要的是应用大数据等科技手段辅助防范化解、提高检测监察能力、妥善解决医废危废处置问题。

# 第二章 规律探索

## 一、站稳高度——既要树木又要森林

### （一）坚持人民至上安全至上的政治标尺

习近平总书记强调："公共安全是国家安全的重要体现，一头连着经济社会发展，一头连着千家万户，是最基本的民生。"[①] 为了人民更好地安居乐业，为了社会更加地安全稳定，为了国家长远的总体安全，加强应急管理体系和能力建设已迫在眉睫。应急管理工作的展开紧密围绕着广大人民群众的根本利益，是党和政府工作的出发点和原则，坚决不可触碰公共安全这条底线。应提高政治站位，深刻认识安全发展的时代内涵，从党和国家工作大局认识应急管理肩负的职责使命，切实增强政治责任感和工作紧迫感。应把安全发展理念贯彻落实到各地区、各有关部门和单位，深入学习贯彻习近平总书记有关安全生产的系列重要论述，督促各有关部门和各

---

① 黄明. 坚决贯彻落实总体国家安全观　推进应急管理体系和能力现代化[N]. 人民日报，2020－04－24（011）.

级党委政府真正把安全生产摆到重要位置，落实到经济社会发展规划、建设、管理等各个环节，以新发展理念引领高质量发展，绝不能只重发展不顾安全。始终坚持人民至上、生命至上，筑牢安全红线底线。

深刻领悟人民是中国共产党执政的最大底气，是党执政最深厚的根基，是强党兴国的根本所在。应始终不渝、毫不动摇地坚持党的宗旨，把"人民至上、生命至上"贯穿始终，尽心尽责做好应急管理各项工作，救民于水火、助民于危难、给人民以力量。切实保障受灾群众基本生活，认真对接基层和群众需求，想群众之所想、急一线之所急，在工作中时刻体现人民群众生命安全为重的理念。把思想和行动统一到中央精神上来，从提高党的执政能力的政治高度，深刻认识到做好应急管理工作的紧迫性和重要性，把"四个意识""四个自信"与工作实际紧密结合，在实践工作中淬炼，坚定不移地贯彻党中央各项决策部署，在实际行动中把"两个维护"抓深抓实。

习近平总书记始终高度重视，多次强调，要把人民群众生命安全和身体健康放在第一位。这就要求在具体的应急管理实践中，做到思想有重视、组织有力量、措施有准头，有效发挥相关部门职能和优势。只有始终把保护好维护好人民利益放在各级应急管理部门工作第一位，才能为营造和谐社会创造良好安全环境。坚持党建引领，坚决扛起重大政治责任。疫情出现的地方，就是党员干部战斗的地方。广大党员干部要把初心写在行动上，把使命落在岗位上，把突发公共卫生事件防治作为重大政治任务，在疫情防控斗争中践行初心使命，在一线克难攻坚中体现责任担当，使党旗始终高高飘扬在疫情防控斗争第一线。

　　始终以习近平总书记关于应急管理重要论述武装头脑，保持政治清醒、增强政治定力，在应急管理和疫情防控的全过程要坚持政治统领和党建引领。一是强化政治忠诚。坚持把党的政治建设摆在首位，坚持把不忘初心、牢记使命作为党员干部的永恒课题、终身课题，学深悟透习近平总书记有关应急管理重要论述，提高理论素养，锤炼党性作风，深化自我革命，砥砺应急管理队伍的精气神。各级应急管理部门要坚决服从党中央统一指挥、协调、调度的原则，坚持守土有责、担责、尽责的担当作为。二是把握规律、明晰工作方向。应在共性中抓个性、在一般中抓特殊，坚持重点论和两点论相统一，督促各级应急管理部门在疫情防控常态化新阶段，一手抓安全服务工作，一手防范次生安全风险。三是全面检视、靶向治疗。在往年专项整治基础上继续深入排查老问题和新表现，结合典型突发公共卫生事件剖析原因，真刀真枪整改提高，既要防止脱离实际、简单化"一刀切"的部署和检查，又要防止抓不准基层出现的问题、抓不到推动工作的关键环节的问题。四是加强源头治理和制度建设。从源头上筑牢思想政治根基，从严整治形式主义、官僚主义作风，从领导机关和领导干部自上而下整风肃纪，严格规范安全监管执法，完善干部担当作为的激励机制。用"保护人民群众生命财产安全"来检验应急管理队伍是否履职尽责，用"时刻准备着"来强化应急管理队伍的责任担当和自觉追求，大力弘扬党的光荣传统和优良作风，从高设置应急队伍建设标准，有力彰显中国应急特色，确保关键时刻能够"拉得出、冲得上、靠得住、打得赢"。

## （二）坚持统揽全局细致入微的根本遵循

兼顾安全和发展，是党中央在对两个大局的科学把握和对社会经济发展趋势的精准研判之后，为新时代应急管理工作指明的方向和作出的要求。一是高度重视疫情防控工作。疫情就是命令，防控就是责任。在疫情防控的具体行动中，各级应急管理部门与救援队伍应始终用疫情防控实战考量初心使命，践行为党和人民伟大事业牺牲自我的奉献精神，挺身而出、英勇作为。用疫情防控实战考核工作能力，深刻总结经验教训，强短板、补不足，切实提升处理急难险重任务的工作质量。二是加强统筹谋划。针对疫情防控期间的复产复工和安全监管，应作统一谋划，在监管执法手段的创新、有效保障生产工作正常运转等难点破解上，结合疫情防控的阶段特征，围绕健全完善应急管理体制机制作出合理部署。三是忠诚履行职责使命。坚持疫情防控和安全风险防控两手抓，既要保障灾害防治、应急救援工作的有序展开，又要确保社会形势安全稳定。强化职责、主动作为，做好随时启动疫情相关处置的工作准备，细化应急预案、完备救援设施、娴熟工作流程。四是履行好灾害事故应急处置职责。洞察疫情形势、明晰防控任务，处理好安全生产与疫情防控的关系，点对点现场指导防疫物资生产企业、集中收治定点医院以及集中隔离救治点，确保各项工作有底数有保障。列出问题隐患清单，逐项指导整改落实，一院一厂区别施策。

## （三）坚持化险为夷转危为机的底线思维

2019 年 1 月 21 日，习近平总书记在省部级主要领导干部坚持底线思维着力防范化解重大风险专题研讨班开班式上强调："既要有防范风险的先手，也要有应对和化解风险挑战的高招；既要打好防范和抵御风险的有准备之战，也要打好化险为夷、转危为机的战略主动战。"① 应急管理部门要时刻保持清醒头脑、强化底线思维，做好随时应对各类甚至同时应对多场重特大灾害事故的准备。

注重研究问题，坚持底线思维。在疫情防控中，对于小概率事件，要树立大概率思维，应确保"抓早抓小、以防为主"一个不落。应在工作全过程中考虑到各种可能的隐患和风险，增强忧患意识，既要有如履薄冰的谨慎，又要有见微知著的敏锐。对于疫情防控新阶段的安全生产隐患和严峻复杂形势，应把控阶段特征，着手前瞻谋划，创新技术手段，坚决杜绝麻痹思想，下好先手棋，打好主动战。

解放思想、把握规律、化危为机。面对各种复杂困难局面，不要自乱阵脚，有针对性地完善形势研判、协调指挥、防灾救灾的一体化体制，健全新闻发布机制，借力应急管理大数据分析系统和应急物流平台，以以往实践暴露出的不足为靶头，以现阶段突出问题为靶心，预判可能存在的隐患风险，掌握疫情周期规律。强化已有的，弥补不足的，与疫情防控和救援防治深度对接磨合，在危机中育新机，在变局中开新局。

---

① 习近平在省部级主要领导干部坚持底线思维着力防范化解重大风险专题研讨班开班式上发表重要讲话强调　提高防控能力着力防范化解重大风险　保持经济持续健康发展社会大局稳定　李克强主持　栗战书汪洋王沪宁赵乐际韩正出席 [J]. 党建，2019（02）：6—8.

### （四）坚持应急管理体系改革的特色优势

抢抓深化改革和发展机遇，围绕新时代安全发展新要求，加强应急管理事业谋划，推进应急管理体系和能力现代化。以疫情防控实践为沙盘，深入思考应急管理重大工程、重要方向、重点工作，并纳入经济社会发展规划有关内容，有力保障应急管理事业的蓬勃发展。充分发挥应急管理体系改革的特色优势，持续稳定社会安全生产形势。健全完善应急管理部门信息收集研判机制，及时掌握疫情数据、防疫物资等信息，为有向有为地展开联防联控、安全服务、应急处置等工作夯实基础。健全应急管理队伍顺畅高效的指挥机制，反复演练磨合熟稔，做到"统一指挥、专常兼备、反应灵敏、上下联动"。

第一，从推进国家治理体系和治理能力现代化的全局，以更高的标准和要求做好安全生产工作。安全生产关系到经济社会发展和国家长治久安，是关系到民生福祉的重要工作。应充分发挥我国制度优势，加快健全完善安全生产体制机制，坚持系统谋划、前瞻布局、突出重点、精准措施，推进安全生产工作。以问题导向、目标导向、结果导向为风向标，紧盯现阶段突出问题，遏制重大事故。提高安全生产能力，既要治标又要治本，一方面进一步深化安全监管和安全生产执法体制改革，探索建立公共安全隐患排查和预防控制体系；另一方面进一步提升应急处置预案的实效性、针对性、具体性，实施网格化精细管理。

第二，处理好监管执法与指导服务的关系。始终坚守原则和底线，主动作为、主动担责、主动履责，坚决反对形式主义和官僚主义，全心全意为安全生产发展主体保驾护航。根据疫情防控形势，采取线上安全服务指导，进行风险评估和隐患排查治理，普及基本安全技能，为党和政府决策当好参谋助手。按照"集中管理、统一调拨、常态服务、战时应急、采储结合"的要求，更好地履行应急管理部门优化应急资源分配的职能作用。

第三，应在疫情防控战争中学习战争。以往的疫情防控实践是教学案例，应深刻研究领会，找差距、找短板、找弱项，进而才能抓住主要矛盾和矛盾的主要方面，做好工作、带好队伍。探索创新管理方式，分区分类、抓细抓实，结合各地疫情的不同特征，加强精准执法、分类施策，实施有效监管。

第四，应在开拓创新做好预防预备和应急处突上狠抓落实。非常态时期尤其要注重"上情下达、下情上传"的快速及时，应创新疫情时期部门会商方式，确保相关部门的横向会商和与有关地方的纵向会商，第一时间精准掌握疫情细况。探索创新对中高风险地区的全方位监控和日常摸排手段，探索创新疫情预防预备方式，提前预置救援力量，科学摆布，加强磨合，实现更为精准有力的防灾救灾。

## 二、拓展宽度——建立健全四个保障工程

### （一）保障应急管理的工作格局全民化

2020 年 8 月 24 日，习近平总书记在主持经济社会领域专家座

谈会时强调："要完善共建共治共享的社会治理制度"①，实现政府治理同社会调节、居民自治良性互动，建设人人有责、人人尽责、人人享有的社会治理共同体。应急管理工作格局的全民化既是构建"共建共治共享"社会治理格局的题中之义，也是促进应急管理体系逐步完善并动态适配应急管理实践发展的重要手段。"要加强和创新基层社会治理，使每个社会细胞都健康活跃，将矛盾纠纷化解在基层，将和谐稳定创建在基层"，这一重要论述对应急管理工作具有清晰的指导意义。从全民化角度来看，应急管理的主体是广泛的、多元的，要调动广大人民群众的参与积极性，优化整合多方主体，让更多的主体在党的集中统一领导下参与到应急管理工作中来。这就要求扭转过去很大程度上将政府作为应急管理单一主体的倾向，妥善处理好政府与市场、社会的关系，让广大人民群众和其他主体在不同领域都能通过制度化渠道有序参与应急管理工作。

培育多元化的参与主体。广泛激发包括政府在内的公益性机构、企业、社会组织、基层组织、人民群众等多元主体参与应急管理的积极性，在法律法规及政策引导下鼓励群众和社会组织充分参与应急管理体系建设，切实构建高效联动、深度融合的多元主体共治机制。

构建科学化的全民参与机制。着力创新应急管理体制机制，增强制度保障的效力，推动应急管理不断迈上新台阶。通过建立重大事务全民参与的全链条机制，在应急管理事前预防部署、事中响应运作、事后救灾安抚等环节的重大事项上，把群众参与、专家论

---

① 李学仁. 封面：习近平主持召开经济社会领域专家座谈会并发表重要讲话[J]. 中国发展观察，2020（17）：6.

证、风险评估、集体讨论决定作为必要环节，确保应急管理事务决策机制程序合理、过程透明、责任明晰。建立政府主导与社区治理的互动机制，深入落实社区基层治理，强化社区居民共同体意识，促进居民与公共部门协同联动，使社区成为应急管理工作的信号接收器和指令传送器，最终提升社区基层在应急管理工作中的治理能力。

激活积极化的全民参与意识。无论面对何种灾害或疫情，人民群众的生命财产安全都在第一时间遭到冲击，应加强宣教提升群众的有序参与意识和有效参与能力，明确群众在应急管理工作中的角色定位和义务使命。应培养群众的责任感和使命感，以响应公共部门号召和满足社会需求为引领，全方位配合做好应急管理工作。

## （二）保障应急管理的资金投入长效化

应急资金是指为应对突发事件而储备或可调配的资金。由于突发事件具有不确定性、形势严峻性、时间紧迫性和资源有限性四个相关联特点，其发生会直接造成严重的经济、社会及生态损失，应采取及时高效的应急处置措施。为确保应急管理工作的有效开展，要处理好应急管理资金投入长效性与使用即时性之间的辩证关系，从筹措机制、使用效率、监督机制三个方面确保资金投入长效化。

建立多元化应急资金筹集机制。加强公共财政对应急管理的投入力度。完善应急资金预算制度，从资金上确保应急管理工作常态化背景下的正常运转，要深入分析并审慎评估未来一段时间内可能的突发事件的资金支出，科学、合理地编制应急管理的财政预算，坚持长期预防和突发应急相结合。完善预备费制度，建立健全科学高效、符合实际的预备费提取及使用制度，适当提高预备费提取比例，有效满足突发事件对资金的大规模需求。针对财政资金需求量大的突发事件，可根据灾情预防、响应、应急等方面的严重程度安排专项资金。充分发挥金融保险资金的作用。利用金融保险来筹措应急资金方面尚有完善空间，应建立健全多层次支撑、多渠道协作、多主体运营的应急保险架构，应在政策或资金上对涉及应急业务的保险机构予以支持。正确引导社会资金捐赠行为。捐赠作为应急资金的重要筹措渠道，在应对突发事件过程中可以对人力物力财力等方面提供有力支撑，通过提升人民群众对应急管理工作的慈善捐赠意识，有效补充公共部门应急管理行为的局部不足。应着力培育、鼓励、宣传慈善捐赠文化，规范慈善机构运行机制，给予捐赠资金税收优惠，简化捐赠操作流程，规范监督募集资金的管理和使用等方式，引导和鼓励人民群众重视慈善捐赠事业。

提升应急资金使用效率。优化财政应急资金支出结构。"防患于未然，捉矢于未发"是应对突发事件的最佳遵循，为使财政应急资金的使用更加及时高效，将突发事件带来的损失降到最低，应着手调整财政支出结构，以事前预防及事中控制投入为主，事后补救为辅。整合现有资金，避免资金的重复投入（如图2-1）。建立健全资源整合机制，将国内资源与国际资源、政府资源与市场资源以及社会资源整合在一起，提升应急管理统筹能力。我国传统的应急管理是分灾种、分部门进行的，其运作流程相对分散。在目前新常态背景下，应急管理机制由单向分类管理向系统综合管理转变，为适应应急管理工作的新需求、新变化，应整合分散在各个部门的资金。同时以应急管理职能整合为契机，规范预算资金的投入，避免经费的重复安排，统筹安排各种资源并实现信息资源的共享，以更好地发挥"集中力量办大事"的制度优势。

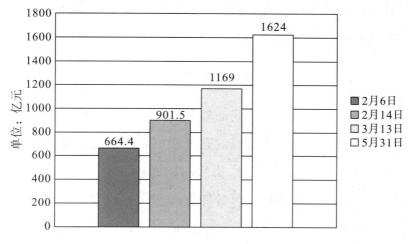

图 2-1　2020 年上半年各级财政疫情资金投入情况

（数据来源：财政部官网、《抗击新冠肺炎疫情的中国行动》白皮书等）

健全中央和地方政府之间的分担机制。按照国务院批准的《国家突发公共事件总体应急预案》中关于"建立健全分类管理、分级负责、条块结合、属地管理为主的应急管理体制"的要求，科学划分中央及地方应急管理过程中的权力与责任，加强中央及地方财政部门的"协同性"，明晰界定中央和地方财政应对突发事件的责任内容、责任主体。确保应急资金监管有效。应急资金是有特殊用途的专项资金，不仅要求在"战时"状态下的资金调度有序，更要求在"平时"状态下资金运行安全高效，因此应急资金应遵循事前预算审核、事中用途监控、事后审计检查的监督原则，确保在应急资金保障充分的基础上，避免应急资金使用效率不高、用途不规范的问题。从程序上规范应急管理资金的拨付，加强预算执行监督，确保应急财政资金的投入更加精准。严格落实应急资金的监督管理责任，建立健全应急资金绩效管理机制，实施应急资金使用全过程跟踪问效，更加注重评估资金使用后应急管理工作的质量和效率，严格监管应急资金使用途径和使用范围。

### （三）保障应急管理的交流协作畅通化

突发公共危机是人类共同面临的挑战，特别是严重的全球性公共危机，更需要坚持合作交流的态度和利益均衡的原则，通过分担危机应对成本和责任、分享危机应对的经验和资源的举措来应对。从本质上来讲，应急管理交流合作重点在于有效协作，应急管理已经成为全球面临的共同课题，加强应急管理领域的全球合作已成为重要趋势。

设立统一指挥协调机构。首先，基于现有的沟通渠道和协调机构，发挥各方力量在全球性公共危机应急管理中的合作协调作用。其次，明确应急管理全球合作各参与主体的责任和定位，搭建应急管理全球合作的平台，以危机发生区域为应急援助的申请方和应急管理的主体力量，发挥 NGO 作为应急资源的筹集者和应急管理具体参与实施者的作用。再次，危机发生时可临时建立跨区域的应急管理指挥系统，由参与者派代表参加，负责协商解决随时出现的问题。

建立全过程动态化的应急管理工作程序。从时间节点上可将应急管理过程划分为"阻止未发""预防将发""应对已发""事后恢复"四个阶段。有别于"阻止未发"阶段，目前需要进行跨区域合作的公共危机一般集中在对预警技术、信息共享、灾后援助等要求较高的灾害领域，如全球性疫情、海洋灾害、气象灾害、地震灾害，这就要求相应区域依据地缘关系建立起区域性预警机制，并基于区域性预警机制加强联络沟通、提供人道主义援助。2020年疫情发生以来，中国始终秉持人类命运共同体理念，坚持公开、透明、负责任的原则，及时公布疫情信息，分享防控、治疗经验，加强科研攻关合作，在全力抗击疫情的同时，向有需要的国家和地区提供了多种形式、力所能及的支持和帮助，赢得高度评价和广泛认可。

建立应急保障机制。应急管理跨区域合作是一个功能多样化的体系，应建立健全跨区域应急管理保障机制，确保信息、技术、物资和人员统筹到位，实现"平战结合"。在信息保障上，建立跨区域预警通信系统，确保突发公共危机预警信息及时共享；建立危机信息数据库，全领域、全过程管理公共危机相关信息，重点搜集并研究引发公共危机因素的相关数据，动态跟踪引发公共危机的可能因素，做实做细危机事件应对完成后信息反馈采集工作，形成并披露专项研究报告，持续监测危机事件的不确定因素，形成完善的信息传播和反馈机制。在技术保障上，应积极发挥好大数据、人工智能、云计算、卫星监测等数字技术在突发事件监测分析、溯源追踪、资源调配等方面的支撑作用。在物资保障上，从储备、调拨、发放等方面优化物资保障机制，整合多方物资供应渠道，确保危机发生后物资及时补位；响应联合国目前实行的机构间联合呼吁机制（CAP），充分利用这一筹集资金的重要渠道；重视NGO在危机管理中的作用，更好地借助NGO提升资源供应协调管理水平，避免应急物资重复储备及使用浪费情况。在人员保障上，依据分工不同将应急管理专业人员划分为救援小组、医疗小组和专家小组，明确各专业条线的责任主体和责任内容。救援小组负责灾后被困人群的搜寻、受伤人群的急救以及遇难人群的转移善后等任务；医疗小组负责现场应急医疗处置工作，预防灾后疫情发生和蔓延；专家小组负责提供关于危机的各种专业知识，科学制定灾后人口迁移安置方案和安全用水方案，以及对次生灾害预防、灾害应对和灾后重建等方面进行指导。加强常见事故灾害防范、自救逃生的宣传、培训和演练，提高公众灾害危机意识，以减轻危机造成的损失。

## （四）保障应急管理的信息引导正向化

2019 年 1 月 25 日，习近平总书记在中共中央政治局第十二次集体学习时强调："做大做强主流舆论，巩固全党全国人民团结奋斗的共同思想基础，为实现'两个一百年'奋斗目标、实现中华民族伟大复兴的中国梦提供强大精神力量和舆论支持。"[①] 在应对突发事件过程中，信息孤岛与信息传播滞后会直接导致公众焦虑。应始终坚持官方媒体平台的信息发布主导地位，统筹主流媒体与社会传播，牢牢占据信息发布引导、思想引领、服务人民的传播制高点，及时动态更新突发事件进展，有效遏制不准确信息传播，安抚公众恐慌情绪，提振公众抗灾信心，向社会传递积极的价值取向，切实引导信息发布正向发展。

信息统一管理，确保信息真实性。应着力建强全国应急管理大数据应用管理平台，分级分类建立安全生产、自然灾害防治、疫情

---

① 习近平主持中共中央政治局第十二次集体学习并发表重要讲话 [J]. 时事报告（党委中心组学习），2019（01）：2.

防控等领域的信息数据库，全面接入突发事件风险和隐患信息。要建立健全统一发布机制，各地区、各有关部门及时发布传播应急基础信息，统一管理应急基础信息发布行为，建立应急信息精准推送机制。

信息公开透明，增强发布权威性。依法进行信息公开，要严格按照法律程序中信息公开内容、权限、程序、方式和时限等方面的要求，依法公布应急管理信息，保障公民在突发事件下的知情权；因疫情防控收集的公民个人信息，不得作为其他用途，保障公民个人隐私权。提升信息公开时效，权威信息的及时披露能有效缓解公众焦虑，回应人民关切。丰富信息公开内容，除第一时间发布灾害预警和灾害救治信息外，还要动态发布安全提示、救援、抗灾、抗疫进展等信息，确保社会公众及时了解防灾避险知识和现场救援、抗灾、抗疫情况。拓宽信息公开渠道，应充分利用多渠道发布政府信息，立足于政府门户网站、政务服务平台的权威优势，全面公开应急政策解读，及时回应公众关切热点，通过信息公开增强政民互动，凝聚社会共识；应畅通公众需求与政府信息供给的反馈渠道，形成应急管理合力；应加强部门间、政府与社会之间数据信息的开放共享，提高数据信息的跨层级、跨区域、跨部门协调效能。

坚持主流引领，引导信息发布正向化。习近平总书记在中共十九届中央政治局第十二次集体学习时指出："准确、权威的信息不及时传播，虚假、歪曲的信息就会搞乱人心；积极、正确的思想舆论不发展壮大，消极、错误的言论观点就会肆虐泛滥。"① 主流媒体

---

① 习近平. 加快推动媒体融合发展　构建全媒体传播格局［J］. 新湘评论，2019（09）：4—6.

要守土有责、守土尽责，及时报道立场坚定、真实客观、观点鲜明的新闻内容，在疫情防控等信息发布上要敢于引导、善于疏导，应主动设置议题，理性有序组织热点话题的讨论，规范引导话题流量。媒体平台应联合疾控机构及医疗机构开展科学有效的信息发布工作，落实主体责任，应用技术优势及时识别信息的准确性。

## 三、精准力度——形成多元融合全民参与合力

### （一）强化各级责任抓落实

应构建责任单位明确、任务安排清晰、督导问责高效的完整责任链条，形成纵向到底、横向到边、便于落实的责任机制，推进应急管理工作落地落实。要压紧压实疫情防控"四方责任"主体，全面落实属地、部门、经营主体、个人四方责任内容，严格执行常态化防控系列措施，明确细化防控内容，确保防控工作不留死角、防控措施不留空白。落实属地责任，主要负责人对属地应急管理工作负总责，建立辖区内的疫情防控工作督促检查长效机制。落实部门责任，卫生健康部门要加强防控协调和监督执法；疾病预防控制机构要开展疫情防控、监测、研判和报告工作；商务、市场监管（药监）等部门负责与疫情防控相关的卫生防疫用品和生活必需品等物资的供应保障，维持市场稳定；相关领域主管部门负责对重点行业、重点群体的行业管理。落实经营主体责任，文化娱乐场所、商业经营单位等人员密集场所的经营者、管理者应当落实公共场所和人员密集场所的消毒通风等防控措施；住宿服务经营单位应如实对

旅客姓名、来源地、联系方式等信息进行登记，为旅客提供早晚体温监测服务。落实个人责任，个人应协助、配合、服从各方开展的防控工作，做好自我防护，依法接受有关传染病的调查、样本采集、检测、隔离治疗、疫苗接种等预防控制措施，如实提供有关情况。

### （二）加强协调统筹抓落实

一是强化党的集中统一领导与中央统筹。疫情防控工作在组织管理体制上取得成功，关键在于构建了由中央工作领导小组、国务院联防联控工作机制和派驻地方指导组共同构成的"两组一机制"的决策领导体制。这种体制体现了党的集中领导、中央政府的统筹协调、中央对地方的指导以及地方政府负责制的有机结合。疫情防控的事实表明，中央成立领导小组使决策更加有力、部署更加全面，充分实现了对各种资源的有序调动和各项工作的有序开展，成为此次疫情防控工作的重要分水岭。实践证明党的集中统一领导在顶层设计上为应急管理工作提供强大牵引。二是协调统筹各方主体力量。应急管理多主体参与的核心是多主体协调统筹，应在应急管理主管部门的统筹安排下，调动各种社会主体凝聚多重合力，以实现应急资源的高效与合理配置。三是协调统筹应急管理部门综合优势和各相关部门专业优势。将各级应急管理部门的综合优势与各相关部门的专业优势进行有效结合，形成"防""救"合力；发展和完善以应急管理部门牵头组织的多主体协同网络，降低多主体协同的难度；理清不同主体在不同类型灾害上的防救责任，并将责任分担以明确条文进行规范；建立不同专业部门"防"与"救"的协调沟通机制。

## （三）创新预防处突抓落实

突发事件应对是包括预防与应急准备、监测与预警、应急处置与救援、事后恢复与重建等多个环节的全链条管理过程，而"预防"和"处突"作为应急管理工作的关键环节，贯穿于突发事件的全过程，必须充分认识"预防"和"处突"的重要性，正确处理好二者之间的辩证关系，使"预防"和"处突"衔接更加畅通，确保应急管理工作事前"无急有备"、事中"有急能应"、事后"应急能进"。一是优化应急演练机制。推进各类突发事件演练常态化，对于重点区域要加大应急演练力度和频率；应急管理培训应尽可能覆盖全部应急管理人员，建强应急管理队伍，提升应急管理人员素质。二是建立应急预警系统。各专项应急指挥机构负责预测预警工作的组织和管理，建设完善应急管理信息平台和信息系统。全面收集重大突发事件相关信息，遵照早发现、早报告、早预警、早处置的原则，及时向各专项应急指挥机构报告，明确预警渠道和实施监控。依据可能发生的突发事件的严重程度和紧急程度确定预警级别，制定分级管理方法。三是建立应急反应机制。应坚持统一指挥、快速反应的原则，成立突发事件责任领导小组，全面负责突发公共事件的处置工作，确保发现、报告、指挥、处置等环节的紧密结合，做到迅速反应、正确应对、果断处置，尽可能前置突发事件应对启动关口。

## （四）践行群众路线抓落实

群众路线是中国共产党的生命线，也是应急管理工作的生命线。人民群众是应急管理的实践主体、价值主体和评价主体，应急管理工作必须坚持群众观点，落实群众路线，一切依靠群众，从根本上保护人民群众生命安全。一是坚持"从群众中来"，征集一线应急预警信息。充分利用新媒体方式在内的应急工作建言献策渠道，收集、研究并采纳人民群众对应急管理工作的好建议、好意见、好经验；要依托技术手段，建立多样化、多层次、便利化的信息报告渠道，方便群众识别风险并报告隐患，实现第一道预警。二是坚持"到群众中去"，要将安全理念和知识、应急管理服务和支持送到群众身边。秉持"以宣促安"的创新理念，普及安全知识、传授安全技能，全方位加强应急安全宣传培训、强化示范引领和警示教育，将应急服务送到社区、小区、自然村等"最后一公里"，夯实应急安全群众基础、筑牢区域安全的人民防线；通过宣教转变人民群众应急管理意识，让受教者成为继续宣传的传播者，让被救者成为自救互救者。应急宣传应善于转换语言风格和创新传播方式。在宣传话语上，坚持官方语言表达民间化、学术语言表达生活化、书面语言表达流行化，确保人民群众"听了能懂、懂了能记、记了会做"，进而提高自救防范能力；在传播方式上，更加注重移动终端上的传播力度、准度、效度，实现应急传播展示平台多元化、呈现形式立体化、传播渠道互动化，让安全和应急宣传真正有效。三是坚持应急管理群众路线，关键在于引导群众有序参与。应以应急管理工作为纽带，建立与市场和社会资源的广泛连接，为社会网络中的人民群众提供施展才能的平台和空间，鼓励引导人民群众在预警、宣传、社会动员、志愿服务、技术支持、专业救援、灾后恢复等环节发挥积极作用。要借助社区、行政村等基层组织，组织群众、引导群众、凝聚群众、服务群众，建立起应急管理的基层自防、自救和互救体系。

## 四、增强厚度——筑牢危机防范处置的钢铁长城

### （一）强化应急管理资源技术支撑

做好应急物资准备。以应急物资需求峰值为参考，健全完善应急物资实物储备、社会储备以及生产力储备一体化的应急物资管理制度。探索建立由政府牵头、生产企业和物流企业等多元参与的应急资源分配机制，确保物资能够快速流向事发区域。强化应急通信能力，提升极端恶劣环境下的通信能力，探索出一条疫情专用的城乡社区信息速报渠道，强化基层通信传达能力。强化应急交通指挥能力，确保应急交通体系高效有序，反复评估针对各类风险下的交通保障实施预案，破解应急救援难题，落实运力资源调配，快速展开紧急运输工作。利用现代科技手段，智慧化开展隐患摸排、专家会诊，坚决反对频繁检查、填表扰民等形式主义。

创新手段加强监管。坚持用"两条腿"走路，做到"耳聪目明"，既运用信息化、大数据手段强化远程监控预警，又发挥巡查检查、社会监督等作用，及时掌握复工复产进度、安全生产情况，滚动研判安全风险，推动隐患排查整改。要掌握实情，精准研判，克服疫情不利影响，通过多种形式开展调查研究，充分运用视频监控和大数据、云计算等信息化手段，加强点上情况收集、上下互动、典型案例剖析和面上数据研判，真正摸清情况、找准问题、找

准对策。

## （二）健全风险防范化解机制

新时代应急管理工作的关键，首先在于妥善处理好"继承与创新"的关系，首先，要认真学习领会习近平新时代中国特色社会主义思想，摒弃旧思维，主动创造，改革求变。其次，要妥善处理好"当前与长远"的关系，既要提高干部队伍的专业化素质，又要加强顶层设计，做好长期谋划。再次，要妥善处理好"局部与全局"的关系，树立好全国应急管理"一张网"的大局意识和大人才观，吸引各类人才，壮大应急管理的后备军。

抓严抓实安全生产专项整治行动。强力落实各项方案，重心下移到基层，加快制定问题隐患和治理措施"两个清单"，并确保督促有力，从源头上消除事故隐患。要切实提高认知能力，在抓好安全生产、防灾减灾救灾、应急救援的同时，紧盯可能影响公共安全的苗头性倾向性问题，健全集体研判、专家会商等制度机制，要为分区分级精准复工复产提供安全指导服务，调整简化安全许可办理流程，建立安全监管人员分片包保责任制和企业安全生产联络员制度。把创新、协调、绿色、开放、共享的要求融入应急管理工作，以安全发展维护产业链、供应链安全，确保人民安全、经济安全、国家安全。

## （三）筑牢防灾救灾减灾人民防线

紧密结合人民群众生产生活分析排查事故隐患。紧盯重点行业领域，加大对存在隐患风险的企业的备案、约谈、检查力度，有关部门要严格督促，加强安全生产监管工作的力度和效度，紧紧扭住遏制重特大事故这个"牛鼻子"不放松，扎实将职能履行到实处。

做好救灾救助和灾后重建工作。服从属地党委政府和有关部门工作安排和部署，一切以保障群众基本生活为立足点，着重保障好受灾区域的困难群众，防止因灾致贫返贫。因地制宜抓紧出台灾害救助政策和标准，及时发放各类生活物资，落实疫情防控措施，坚决防范发生次生灾害。

深入研究如何打好人民战争，把群众组织起来。人民群众的力量是伟大的，要打赢疫情防控战役，就要筑牢防灾减灾救灾的人民防线，始终坚持从群众中来到群众中去的工作路线，坚持社会共同治理，下沉防灾救灾的工作重心到基层到社区，及时编制印发社区应急指导手册和家庭手册。以信息平台为载体，有序引导行业协会、商会等社会组织参与救灾。更细更实做好群众工作。加强安全生产服务保障，利用应急物资保障平台及时调运、公平公开发放物资。

## 五、夯实效度——衔接好"防"和"救"的责任链条

### （一）应急救援队伍组织常态化

进一步严格应急救援队伍日常管理。严格细化内部防范措施，确保管理不出漏洞、队伍不出问题。应在党委政府统一领导下，对接联动好相关部门，定期进行应急值守和形势研判。各地区应急管

理部门和救援队伍要随时待命，做到接到命令第一时间出动。周密考虑、提前准备、仔细检查、严格监督救援队伍专业防护装备的洗、消、防、控等流程，由各地应急管理部门牵头，全面做好准备，按疫情防控要求出台工作指南，高效执行应急救援任务。

全力做好自身防疫保障工作。增强对救援队伍防疫工作培训指导，强化自我防护能力。部署医疗机构应统筹安排医务人员，合理部署梯队，根据疫情处置需要，积极参与联防联控，安全高效地完成各项救治任务。集中收治定点医院的建设要落实好消防安全管控，强化人员密集场所安全保障，避免引发次生安全问题。

加强专业防疫知识教育培训。应急救援队伍指战员应掌握简明规范的防疫方法。应健全以综合性救援队伍为主力、部队安保力量为保障、专业应急力量为助力、社会应急志愿为辅助的具有中国社会主义特色的应急救援力量体系。加强防疫知识培训，提升专业防控能力，增强应急救援尖刀和拳头力量。

## （二）应急管理干部建设立体化

一是政治立身。对党忠诚是干部的政治灵魂，应急管理干部要将使命担当内化于心、外化于行，树立起高度的政治自觉、思想自觉以及行动自觉。各地应狠抓组织领导、深化思想认识，相关主要领导要做好表率，亲力亲为、在岗在位，抓紧抓好抓实动员部署、检查落实。围绕应急管理职能履责担责，精准对标中央指示精神，持续改进工作作风，找准工作着力点，对内抓防控、对外抓配合。领导干部应在疫情防控和安全防范第一线指挥，发挥"关键少数"作用，深入疫情防控最前沿，找准问题、研究问题、解决问题，带领党员队伍投入战斗。

二是能力强身。弘扬"挑重担、啃骨头"的担当精神，敢于迎接挑战，勇于在实践中磨砺，敏于增长工作才干，练就硬脊梁、铁肩膀、真本事，才能当好冲锋陷阵的排头兵。根据"全灾种、大应急"的适应需要，打磨业务能力，以自我革命的攻坚精神创造性开展工作，培养一专多能的复合型干员。应在疫情防控的斗争一线考察干部，坚持能者上、庸者下的用人原则，对表现突出的要适度拔擢，对失职渎职的要严肃问责。

三是律己修身。应急管理事关人民安全、发展安全、国家安全，这就要求干部队伍律己修身，锤炼党性，始终将人民利益铭刻于头脑，坚决树立正确的政绩观，弘扬优良作风，在求深求实求细求准求效上下功夫。恪守严格自律红线，以崇高信仰涵养品德操守，擦亮应急管理队伍的忠诚本色。把对上负责与对下负责统一起来，决不能用口号代替行动、以画圈替代履职、把开会发文当作成绩。

四是选贤举能。紧密围绕《2019—2023年全国党政领导班子建设规划纲要》要求，加强对干部队伍的政治素质考察，秉持实干实绩的原则，立足"全灾种、大应急"拓宽选人视野，择优培养选拔年轻干部，优化班子专业、年龄、履历结构，坚持老中青结合，给年轻干部"压担子""搭梯子"，尊重年轻干部成长规律，讲方法讲经验。始终保持班子干劲充足、"一池活水"，应注重立体式、全景式对年轻干部的跟踪考察和职位动态调整，并强化考核结果运用。

## （三）应急责任主体压实层级化

精准明晰责任主体。以落实"三个责任"为要，明晰明确各项防护责任、措施、流程负责主体，严防内部权责错位。差异化实施安全监管，兼顾正向激励和负向惩戒，固化完善各层级安全防范责任。汲取经验教训，强化明察暗访、群众监督、约谈通报等多种手段，严格落实地方党政领导责任、部门监管责任、企业主体责任和重点岗位责任，杜绝眉毛胡子一把抓。

统筹压实各级各方责任。首先应有力督导地方各级应急责任人深入前沿阵地、现场挂帅指挥。其次应快速展开疫情研判和发布预警，坚持 24 小时滚动会商，打通预警信息服务"最后一公里"直至"最后一米"，确保到社区（村）到户到人。应强化行政责任人责任，下沉一级担起责任，做好开局部署。应强化技术责任人责任，加大对重要领域技术的监察力度。应强化巡查责任人责任，采取"四不两直"①、听取专题汇报等手段，细化落实基层职责，紧密无缝衔接好"防"和"救"的责任链条。

---

① 四不两直：不发通知、不打招呼、不听汇报、不用陪同接待、直奔基层、直插现场。

# 第三章　路径选择

## 一、紧锣密鼓——形成总揽全局统一高效的应急指挥调度

### （一）坚持统一谋划统一指挥

形成总揽全局统一高效的应急指挥调度，着力聚焦公共卫生应急管理的实施路径，就是要坚持党的集中统一领导、协调各方、科学研判、精准施策，谋定而后动，采取切实有效的措施，上下同心，形成全国一盘棋的疫情防控战略格局。万山磅礴必有主峰。"生命重于泰山、疫情就是命令、防控就是责任"的总动员令为全国各族人民团结抗疫提供了根本遵循与前进方向。谋定而后动，"谋"就是要根据疫情发生的周期以及发展规律，科学研判、科学决策、科学处置，精准识别出应对危机的关键节点，做到分阶段、分区域、分层次精准施策；要按照突发公共卫生事件应急管理规律，寻找危机的根本矛盾与问题根源，对危机应对的全流程、全措施进行动态把控，做到指挥有责、执行有责、参与有责，确保政策

实施得当、主体划分明晰、任务设置精准、目标成效显著。关于"动"，就是烈火炼真金，出实策、亮实招、化解风险、减少损失。首先，驱动要有高度。转变观念，提高风险防范意识，将应急管理纳入常态化工作，构建灵活的反应机制，重大突发事件发生时，应急管理委员会办公室机动转变成战时指挥部。其次，联动要有广度。疫情防控、应急管理是一项系统性工程，要坚持全国一盘棋，全面研究、全面部署、全面动员，形成全面防控的战略格局。再次，推动要有精度。实行分区分级精准防控，重点地区要严格管控措施，实行对口帮扶，加大扶持力度，稳住基本盘，保障全面胜利。

（二）坚持贯彻执行科学履责

属地政府是重大突发公共卫生事件的第一防线和第一现场，要切实履行紧急救援和保障民生安全等职责。首先，深刻领会各项政策、各项行动安排的核心要义，明晰行动原则、行动目标，把握正确的政治方向，在思想和行动上与党中央保持高度一致。其次，发挥地方熟悉社情民意、掌握实况现状的基本优势，将党和国家的大政方针与地方实况相结合，进行数据分析、科学研判，制定出符合实际、实用有效的地方性政策法规。最后，要推进服务型政府建设，实行政府信息公开制度，畅通意见征集渠道，建立权威沟通渠道，加强互动交流，最终实现科学决策、民主决策。

（三）坚持群防群治协调配合

基层政府、基层社区是疫情防控的第一线，要切实完善基层应急组织体系。一是严把使命关。基层党组织发挥战斗堡垒作用，广大党员发挥先锋模范带动作用，牢记使命、冲锋在前，构筑群防群治的严密防线。二是严把责任关。坚持权责统一，即有权必有责、用权必担责、失责必追究的严肃管理态度。三是严把落实关。精心部署，扎实开展辖区内设点管控与信息摸排；主动担责，开展居住地党员志愿服务；精准防控，实行网格化管理，推动防控力量下沉，做到全方位立体管控。

## 二、迎难而上——夯实科学配置良性运行的应急要素保障

### （一）确保救援队伍救治有力

为切实保障救援救治有效，应把应急救援队伍建设纳入长期规划，通过业务培训、规范管理、保障支撑、心理疏导等关键环节，稳定应急救援队伍、增强业务素质和应急能力、完善队伍管理体系，有效提升应急救治能力和救助工作水平。

**1. 及时发现，先发制人**

提高应急救援的实效，就要集合公共部门、医疗机构和群众力量，落实早发现、早报告、早隔离、早治疗"四早"要求。培养敏锐的洞察能力，从细微处着手、从小事着手，及时发现潜在的威胁与危险，对突发公共卫生事件要做到发现一起、管控一起，控制蔓延势头。与此同时，加强外防输入、内防反弹的全链条闭环管理，做好内外联动，双向管控。加强网格管理，减少人员聚集，引导科

学防控，降低传播风险。

### 2. 及时处理，依法规范

对突发公共卫生事件要及时发现、及时处理。一方面，在突发公共卫生事件发生后，专项工作组人员需第一时间赶往应急处理现场维持秩序、疏散人员、规范处置，做到"切断传染源""阻隔传播途径""保护易感人群"。另一方面，在突发公共卫生事件发生后，相应的医疗机构要及时响应、及时救治，有关部门做好人员安抚和信息发布工作。

### 3. 技术攻关，精益求精

强化疾控中心、卫生部门的专业功能能够实现更高效率、更低成本的突发公共卫生事件应急防控。一方面，强化专业技术平台建设，疾控中心、卫生部门要做到体系管理科学、环境设施和检测设备配套齐全、人员结构合理、检测技术完善。另一方面，加大应急防控专业技术人才引育，鼓励拓展人才招引渠道，加大相关人才政策倾斜，并充分利用继续教育基地，加大对疫情防控专业技术人员培训力度。

## （二）确保资金流向动态有序

应急资金应用于购买防疫物资、应急防控设备，保障医疗机构基本建设和重症治疗病区建设，加大患者医疗救治补助、减轻群众负担。积极筹措资金，加大资金的保障力度，落实资金调度安排，将应急资金贯穿应急救援全过程。要确保资金在各个节点能够发挥实质性作用，应重视以下几个环节。

### 1. 应急资金的募集接收环节

切实提高应急资金募集的效率，开设绿色畅通的应急资金接收渠道，安排专人专班负责应急资金的募集和接收工作，明晰原有应急资金底数以及新增应急资金分类收支情况，保障应急资金账实相符。

**2. 应急资金的使用管理环节**

应急资金的管理要体现公开、透明、合规的原则。进行统一的建账管理，确保专款专用，使用管理要符合单位应急资金管理规定。明确每一笔应急资金流向和作用发挥，做到方向精准、路线通畅、用途合规。

**3. 应急资金的拨付分配环节**

应急资金的拨付关键在于提高拨付时效性、公平性和合理性。拨付环节要严格按照制度和程序进行，及时拨付、合理分配，及时清查怠于拨付和囤积过多应急资金在本级的行为。对因紧急情况而需临时拨付的，应事后如实补登在册。

**4. 应急资金的跟踪监督环节**

面对严峻的疫情防控形势和激增的防护物资需求，确保应急资金的落实到位尤为重要，应建立专项督查小组，通过网络筛查、随机抽查、现场谈话等方式，从专项经费、物资采购、采购流程、物资发放、保管储备等环节展开全方位监督，如图3—1所示。

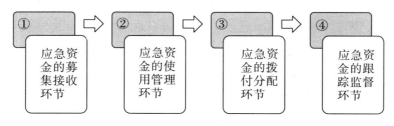

图3—1 应急资金使用流程图

（三）确保应急物资调配有度

应急物资供应链体系作为应急救援保障的重要组成部分，是应对突发公共卫生事件的基本武器，直接影响救援效果。坚持集中管理、统一调拨、平时服务、灾时应急、采储结合、节约高效的原则，加强应急物资生产和储备能力，建设公共卫生应急物资储备中心，建立健全全球采购机制、应急物流服务平台和紧急物资运输快速通道，是确保应急物资调配有序的关键举措。

**1. 健全应急物资筹措网络体系**

应急物资的来源主要有日常储备、紧急征用、应急采购、多渠道捐赠。为切实保障应急物资的有效供给，应抓好应急物资筹措的基础性工作，分层级建立网格化的应急物资定点筹措网点。一是多渠道发布物资接收信息。利用微信、微博、公众号等平台广泛发布应急物资需求信息，以点带面，增强物资筹措能力和实效性。二是多方位保障物资供需对接。明确应急救援物资接收种类、数量、质量，注明物资接收地点、联系人及联系方式，保障物资的顺利筹措。三是多举措保障物资接收有序。按照生活类、处置救援类、一般性应急物资类以及战略性物资类的划分标准，完善应急物资分类，规范物资筹措管理人员行为与程序，实现应急物资入库及时、准确高效。

**2. 建立应急物资储备网络体系**

为保障物资的集中统一供应，需要建立完备的物资储备制度。关于物资本身的储备，要做好物资的分类管理，避免产生不良物理或化学反应；物资盘点要及时、准确，保证产品质量安全；过期物资、不合格物资的处理与销毁程序要有规章制度可循。关于物资储备点的布局，区域物资储备中心的供应范围要广，尽可能覆盖多个城市的应急筹措网点，体现统一管理的高效性；区域物资储备中心之间的交通要通达便捷，增强物资运输的时效性；区域物资储备中心要注重环境安全管理，保证各项物资不受自然或人为损害。

### 3. 强化应急物资供应网络体系

应急物资的调配与供应需要做到信息精准、及时到位。一是精准设置突发公共卫生事件响应等级，根据《国家突发公共卫生事件总体应急预案》中突发公共卫生事件性质、危害程度、涉及范围等情况，进一步精准细化突发公共卫生事件分级标准与响应级别。二是根据储备点物资的预期需求量和配置量缺口，制定预期调配准则，保障需求量在可控范围内，实现即时调配、即时供应。三是在特定区域范围内，设置若干固定的应急物资接收点，储备点负责根据受灾物资需求，通过云服务实现储备点与接收点的即时沟通、即时调控。四是建立以大数据为核心的智慧物资调配模式，整合物资供需两端的所有资源，使物资调配的参与者实现数据共享与信息共享，最大化利用物资。

### （四）确保信息化平台运行有方

互联网、移动互联网、物联网等通信技术赋能疫情研判、应急管理、民生保障等方面，增强应急管理的前瞻性、全局性及智慧化水平，应有针对性地对信息网络的基础设施、信息产业进行统一部署和综合规划，建立国家通信网络应急大数据平台，畅通应急管理的信息化之路。

**1. 推动新型基础设施建设落地落实**

2020 年 2 月 5 日，习近平总书记在中央全面依法治国委员会会议上指出："要鼓励运用大数据、人工智能、云计算等数字技术，在疫情监测分析、病毒溯源、防控救治、资源调配等方面更好地发挥支撑作用。"① 6 月 29 日，国家卫生健康委员会办公厅印发《关于做好信息化支撑常态化疫情防控工作的通知》，提出要强化疫情监测预警，完善健康通行码政策标准，发展"互联网＋医疗健康"，拓展"互联网＋政务"服务，推进信息化新型基础设施建设，加快建立应急指挥系统，强化网络安全工作。突发公共卫生事件中，通过对新型基础设施的整合优化、协同融合、统筹存量和增量，探索"信息化＋公共卫生"创新模式，使其配合高效、集约高效、适用高效。

**2. 保障应急部门条块联动畅快畅达**

依据不同地区、不同部门现状，灵活有效处置突发事件，统筹协调调度，设计面向城市突发公共卫生事件应急的智能指挥调度系统。采用可视化应急指挥、联合通信、预测预警与智能辅助决策等技术，设计完成各部门可视化指挥调度平台、联合通信平台、移动应急平台等，打造完成全域一体化的智能指挥调度系统，实现物联感知设备接入、监测监控报警、应急响应流程化处置、智能化处置方案设计、辅助智能研判、扁平化指挥调度等。同时，建立健全适应线上消费、云端上课、在线办公等"宅经济""宅生活"发展的扶持与监管机制，确保突发公共卫生事件的应急处置信息畅通、管

---

① 习近平. 全面提高依法防控依法治理能力　健全国家公共卫生应急管理体系 [J]. 中国民政，2020（05）：4—6.

理有序、服务完善。

### 3. 推动信息技术应用重心下沉

信息化技术在应对突发公共卫生事件中起着至关重要的作用，应打造数字化共建共享智慧平台，充分整合各方资源，做到发力精准、及时有效。利用人工智能、大数据、5G等技术打破信息壁垒，及时客观通报疫情态势和防控工作进展情况，加强信息正向引导，维护社会大局稳定。利用大数据、"互联网＋"、云计算等提升疫情防控能力，做到即时定位、即时处置、即时保障。通过专家线上坐诊、答疑解惑、线上经验分享等方式强化"互联网＋医疗健康"服务，完善平台功能，充分利用智慧平台增强群众自主防控能力。

### （五）确保法治建设规范有效

古人有云："凡将立国，制度不可不察也，治法不可不慎也，国务不可不懂也，事本不可不专也。"做好法治建设是推进各项工作有序开展，各项应急要素合理流动的根本保障。

### 1. 体系健全是根本保障

提高突发公共卫生事件应急能力关系到广大人民群众的切身利益。一方面，建立健全公共卫生法治保障体系。2020年4月，《十三届全国人大常委会强化公共卫生法治保障立法修法工作计划》审核通过，进一步提升了公共卫生法治保障力。将健康理念融入综合性法治保障体系建设，在制定和修改生态环境、社会管理、行政处罚、国家安全等方面有关法律时，应结合疫情防控实践经验，作出有针对性的制度安排。另一方面，建立健全应急物资法治保障体系。2020年6月，中央全面深化改革委员会第十三次会议审议通过了《关于健全公共卫生应急物资保障体系的实施方案》，指出要构建医疗防治、物资储备、产能动员"三位一体"的保障体系，建立完善的调拨使用工作制度，增强省、市、县各级应急战略储备，全面系统提升重大突发公共卫生事件的应急处置能力。

**2. 统筹协同是关键力量**

坚持以人民为中心，全心全意为人民服务的宗旨不动摇，一切为了群众，一切依靠群众的群众路线不改变。应对重大灾难和挑战，首先发挥总揽全局协调各方的政治优势，带领广大党员干部力挽狂澜、保障广大人民群众的生命健康与财产安全。其次发挥集中财力办大事的经济优势，围绕疫情治理目标一声令下调动各方面资源。一方有难、八方支援的爱国主义情怀可以实现举国同心，紧急收治疫情患者，解决地市医疗卫生资源短缺、资源调配冲突等问题，快速扭转局势。

**3. 依法防控是制胜法宝**

要确保法治建设规范有效，得民心、顺民意，就要始终坚持知法、守法、懂法、用法四个基本遵循。一是立法机关要坚持立法有据。要以过硬的法律知识储备为底色，确保制定的法律法规合理、合情，防疫期间司法机关应该积极主动提供法律服务，注重法律法规的宣传教育，通过法律手段推动全社会团结一心。二是人民群众应增强法律意识。学习法律、懂法律并合理运用法律，依法防疫，群众要主动配合疫情防控工作，形成知法守法、共同战胜疫情的良好氛围。

## 三、并行不悖——强化疫情防控和经济发展的韧性处置举措

### （一）精准管控点状偶发式突发事件

突发公共卫生事件一般分为三个阶段，一是"萌芽阶段"，或长或短，专业人员（疾控中心、医护人员）需要具有敏锐的洞察力，及时发现，及时控制传染源。二是"萌发阶段"，两栖人员（具备专业知识的官员和决策层）是决定是否进入流行阶段的关键，应集合多方力量，采取有效措施切断传播途径。三是"流行阶段"，在这个阶段最成功的经验就是早发现、早隔离、早诊断、早治疗。

**1. 落实"外防输入、内防反弹"总体防控策略**

目前，疫情多以点状偶发式事件为主，表现为出现境外输入患者和无症状感染者。对于外防输入，要严把前端关口，边检、海关、航空、铁路等部门应建立起信息互通机制，精准掌握重点地区疫情发展实况，切实做好各项核查工作，确保重点人群输入不漏管。对于内防反弹，要落实现有病例的隔离、观察和治疗举措，加大主动筛查力度，对存有确诊病例和无症状感染者的重点地区、重点场所和重点人群进行筛查。

**2. 落实"慎终如始、抓实抓细"总体防控举措**

习近平总书记强调："加强疫情防控必须慎终如始，对疫情的

警惕性不能降低，疫情防控要求不能降低，继续抓紧抓实抓细。"①夺取疫情防控和实现今年经济社会发展目标的双胜利，应将分析判断、部署谋划、防控举措落到实处，坚持全国一盘棋，系统思考、统筹兼顾、突出重点、摸清底数、掌握实情，坚持实事求是，准确研判疫情形势，制定疫情防控和经济活动措施，在做好防控工作的前提下全力支持和组织推动各类企业稳产达产。应将梳理排查、监督检查、保障举措落到细处，要采取更加严格、更有针对性、更加有效的措施，防止疫情蔓延。实施科学、精准、稳慎和有效监督，织密织牢基层疫情防控网，关心关爱战斗在疫情防控一线的工作人员。

## （二）系统谋划复工复产、稳产达产

与以往的经济危机不同，此次疫情作为"黑天鹅"事件，对生产、消费、流通等市场都具有深远影响，进一步削减了市场需求，增加了外部大环境的不确定性。

### 1. 破难点、除痛点、疏堵点，夯实复工复产基础

随着疫情防控从"全面阻击"向"精准防控"转变，经济社会发展也从"按住暂停"向"重启恢复"转变，恢复经济民生正常运转、抓好复工复产复市迫在眉睫。但是，企业普遍面临工人返岗难、工期紧、防疫物资不够、资金链断裂等问题，尤其是自身规模小、抗风险能力差的中小微企业，复工复产更是面临巨大挑战。因

---

① 中共中央政治局常务委员会召开会议　研究当前新冠肺炎疫情防控和稳定经济社会运行重点工作　中共中央总书记习近平主持会议［J］. 思想政治工作研究，2020（04）：13-14.

此要采取更有效的政策措施帮助各大企业共渡难关：一是要严格按照相关要求，精心组织，周密部署，抓实抓细疫情防控工作，落实落细各项安全防范措施，保障快速有序实现全面复工复产。二是要在确保安全的前提下，强化措施、抢抓工期、攻坚克难，全力以赴加快复工复产推进力度，努力把疫情造成的影响降到最低。三是积极落实各项财政政策。优化税收征管服务，加大企业税收优惠力度，扩大税收优惠范围，简化纳税申报程序，利用大数据动态监测税收优惠落实效果。

**2. 强动能、优产能、保用能，增强稳产达产质效**

要科学防控有序做好复工复产，精准稳妥推进复工复产，制定企事业单位复工复产疫情防控措施指南，积极有序推进复工复产、稳产达产，扎实常态化防控措施。一方面是加快经济发展动能转换，加快科技助农、科技助企等生产智慧化进程，提升企业生产积极性，持续激发高质量复工复产动能。另一方面是持续健全产业链，全面围绕"建链、补链、强链"，精准完善产业链核心产业上下游配套，加快培育和发展战略性新兴产业，推动产业集聚集群发展。

（三）统筹兼顾常态应急与超常态发展

掌握实情、快速反应，注重当下与长远，统筹兼顾常态应急与超常态发展，夺取疫情防控与经济社会发展的双重胜利。

**1. 巩固常态化应急能力建设，推进城市安全稳定发展**

常态化的应急管理，包括组建应急管理机构，落实职责人员，按照指挥决策、指挥协调、组织实施、检查反馈等基本流程开展工作。在总结吸纳各种应急处置实践经验的基础上，通过分类梳理和总结归纳，从大量不确定因素中寻找具有重复性、共通性、程序性的规律，建立和完善相应的组织体制、运转机制和法规制度，进而全面提高防范突发公共卫生事件风险和快速处置的综合能力。巩固常态化应急能力建设，一方面应重视基础建设，结合城市人口规模，预先规划、优化完善应急管理体系的队伍、平台等基础，提升城市公共卫生治理能力和常态化应急能力。另一方面应重视体系建设，以社会需求为导向，平战结合、立足当下、兼顾长远，建立统一高效的应急指挥体系，健全及时有序的应急响应机制，提升公众危机防范意识，运用大数据、人工智能、云计算等数字技术进一步增强疫情实况分析、防控救治、资源调配等步骤的科学性、及时性、精确性。

**2.　倡导常态化绿色健康发展，营造全民健康新氛围**

习近平总书记指出：“人民健康是社会文明进步的基础，是民族繁荣昌盛的标志”①，要不惜一切代价维护人民生命健康安全，要促成人的全面发展，要切实推动健康中国战略。营造全民大健康新氛围，需要将“日常忧患意识、事前底线思维、事中人民中心、事后问题导向”贯穿应急管理体系建设全过程。一方面应推动大健康理念融入社会意识，立足当下，放眼未来，让健康生活成为人民群众常态化状态。另一方面应推动人与自然和谐共生，坚持以新发展理念为指引，倡导零排放、零污染、低能耗的绿色生产生活模式，促进生产生活环境景观化、生态化、无害化，提升人与环境兼容性，

---

① 习近平. 在教育文化卫生体育领域专家代表座谈会上的讲话［N］. 人民日报，2020－09－23（002）.

降低因环境导致的公共卫生事件发生率。

**3. 推进常态应急与超常态发展合璧，引领经济发展新常态**

2020 年 4 月，习近平总书记主持召开中共中央政治局会议中指出："在疫情防控常态化前提下，坚持稳中求进工作总基调"，"我国经济展现出巨大韧性，复工复产正在逐步接近或达到正常水平，应对疫情催生并推动了许多新产业新业态快速发展。"① 坚持预防与应急并重、常态化应急与超常态发展结合，巩固常态化应急能力建设，加强非常态应急能力建设，促进全民大健康新发展。疫情给经济社会发展造成一定影响，导致消费需求下降，特别是消费习惯转变可能带来人们边际消费倾向下降，同时，全球产业链重构，加大了经济转型升级的压力，但经济基本面依然向好，财政货币政策助力复工复产、稳产达产持续推进，经济政策重心转向防风险，将继续坚持稳增长与防风险的"双底线思维"，实现稳增长、保就业、保民生。

## 四、蓄势待发——筑牢后发时期应急常态化"四大工程"

### （一）强化多领域多层次专业人才培育工程

据统计到 2020 年，全国范围内安全监督、安全服务、安全技

---

① 中共中央政治局常务委员会召开会议 研究当前新冠肺炎疫情防控和稳定经济社会运行重点工作 中共中央总书记习近平主持会议 [J]. 思想政治工作研究，2020（04）：13－14.

术应用人才缺口达 43 万人。在公共管理系统中，从事应急安全方面的人才，拥有专业背景的约三分之一，由此可以看出，应急与安全管理领域存在专业人才相对较少、人才供给相对不足、供需矛盾比较突出等问题。分析主要原因，一是应急管理专业类别设置少。相关专业目录缺乏相应的公共卫生应急管理专业类别，从应急管理防震救灾、应急救援、安全生产 3 个维度进行统计，可纳入应急管理类的专业数目仅为 19 个。二是开设应急管理类专业的院校数量少。应急管理类专业在全国 1300 多所高职高专院校的分布仅有 262 个点。三是公共卫生应急管理专业就读学生数少。全国 3000 多所大专院校中，设有公共卫生与预防医学专业的不到 3%，每年培养的公共卫生专业本科生也只有 7000 人左右。

**1. 分类引育——打造多元"人才铁骑"**

2016 年，《健康中国 2030 规划纲要》提出加强健康人才培养计划。为切实增强突发公共卫生事件应急处置能力，应强化人才保障工程建设，全力抓好"引、育、用、留"四个环节，充分发挥各主体在应急管理中的作用，为提高应急防控质量和经济高质量发展提供强有力的人才保障和智力支撑。一是夯实公共卫生应急管理专业培养基础。增加高职高专高校中公共卫生应急管理专业类别，扩大招生数量，坚持理论与实践相结合的方式丰富课程内容。二是增强专业医疗队伍应急处置能力。对在校医学生、临床医生、护士等不同类别人员开展突发公共卫生事件应对培训，以研讨会、报告会、培训班、网络平台等多种培训方式进行精准培养。三是建设企业应急管理人才预备队。企业应树立强烈的应急防范意识，高度重视应急管理工作，打造一支能做业务，能搞科研，也能灵活开展应急处置的职工队伍。四是健全干部队伍人才技能培养。开展专业技能培训，提高党员干部疫情应急素养、媒介素养、依法防控素养，建设一支政治纪律强、业务能力精、纪律要求严的应急管理干部队伍。

## 2. 多元引育——引进多方"凤凰来栖"

从应急管理部门的职责划分来看，主要是安全生产类、自然灾害类等突发事件和综合防灾减灾救灾工作，尚未明确将突发公共卫生事件的应急处置纳入。为健全应急管理综合防护体系，应考虑将突发公共卫生事件的应急处置纳入相关职责范围，做好相关专业型人才、综合型人才的全方位引育，筑牢应急安全管理防线。一是引育公共卫生管理型人才。2020 年 6 月，习近平总书记指出："加快建立与现代化疾病防控体系相适应的人才培养与使用机制，及早补齐公共卫生人才发展滞后这块短板，已是国家治理体系和治理能力现代化建设面临的紧迫任务①。"培育管理型人才是公共卫生队伍建设的时代之需，也是当务之急。因此，要培养一批高素质、复合型、应用型的卫生事业管理的高级人才，了解卫生管理，洞悉卫生政策，善于制定卫生计划，熟悉卫生评价，掌握卫生服务研究，通过学术交流、专题研修、科研合作、参与公共决策等方式培养管理人才解决高难度复杂问题的能力。二是引育公共卫生专家型人才。本次疫情的发生改变了医疗卫生格局，人类将更加重视病原检测与溯源、生物疫苗、抗病毒创新药等生物医药技术，对健康医疗信息化的需求也尤为迫切。不仅要大力引育公共卫生政策法规类人才，可承担公共卫生重大救援任务并指导受援国拟定应急防控策略的人

---

① 朱光明，王洪秋. 补齐短板 加快公共卫生人才队伍建设［J］. 智慧中国，2020（7）：34－36.

才，熟悉全球公共卫生信息监测网络和风险预警技术的人才，协调开展公共卫生关键技术多国联合攻关的人才，以及推动中医药走向世界、促进人类不同文明和健康文化相互借鉴的人才；也要引育一批懂大数据、懂人工智能、懂数字技术的专家，在疫情监测分析、病毒溯源、防控救治、资源调配等方面更好发挥支撑作用。三是引育公共卫生服务型人才。通过建立健全应急管理公共卫生专业人才激励机制，进一步吸引专业水准高和服务水平强的应急服务型人才。

**3. 区域合作——形成凌空"雁阵团队"**

当前应该加强区域合作，实现信息互通、资源互调、技术共享、人才共用、形成全球共同抗疫格局。一方面，坚持"请进来"与"走出去"相结合。引进一批具有社会学、生物学、大数据、人工智能、云计算等多学科背景的公共卫生骨干，开展交流与合作，培养具有全球视野的骨干人才，打造多学科融合、多人才分工协作的优秀团队。另一方面，构建区域交流立体网格。"栽好梧桐树，引得凤凰来"。积极搭建拓展各类人才全球化视野的交流平台，提供优厚完备的实验条件和工作保障助力科研攻坚，并强化信息化平台建设，增强信息联动，由此建成一批跨学科、跨领域、跨区域的人才培养平台。

**（二）强化公共基础设施多维功能性转化工程**

完备的应急救援不仅需要强有力的软件设施保障，如体制机制、人员、技术、资金等，更需要有强大的硬件设施做支撑。在疫情防控过程中，体育馆化身"方舱医院"，为紧急收治患者提供空间庇护，给救治工作提供了极大便利。因此，在规划和修筑城市基础设施时，应具有前瞻性、长远性的思考，将上述场所纳入应急管理空间规划的范畴，坚持"平急两用"原则，保证其平时承担正常城市基础设施职能，急时能与不同功能体融合，发挥应急避难、应急救治的功能，实现一物多用，提升使用价值。

**1. "固本强基"——设施建设**

疫情的发生，让各地区空间与资源的精确匹配和基础设施建设变得极其重要，要强化基础设施建设，让设施本身足以应对突发性的需求冲击。一是设施评估。对现有设施进行"点、量、质"的评估，明确改造的典型指标和方向。二是需求响应。根据应急预案总结突发公共卫生事件发生后各地区危害程度、扩散状况、所需资源等，建设完善能够有效快速反应和高效运转的应急性基础设施。三是规划匹配。每个省（市、区）面临的实际情况不相同，在设施建设工作上要往实处做、往细处做，让基层管理更进一步走向精细化。

**2. "精雕细琢"——功能多维**

以"医疗方舱"作为借鉴，对体育馆、展览馆等大型公共设施进行改造，转变成"轻医疗场所"，大容量收治轻症患者并集中治疗。可见，具备技术性与功能性双重特征的基础设施不仅会深刻影响城市的空间肌理和环境品质，也会有效提升空间的活力指数和功能形态。一是转向便利化。在强化基础设施作为城市公共活动和景观空间重要组成要素观念意识的同时，应以便利化为标尺，尽量满足所有人的需求，增强城市公共资源有效配置，提高使用效率，减少运营成本。二是转向智慧化。智慧城市、智慧生活需要有智慧的基础设施建设网络，结合物联网、大数据、人工智能等技术，优化城市规划，优化公共基础设施建设，完成从硬件建设到服务管理能力建设、从单一功能建设到复合功能建设、从一次性建设到动态弹性建设的转变。三是转向信息化。基础设施信息化不仅能更好的识别需求、分析需求、满足需求，紧急状态下，信息化基础设施能够实现信息采集、信息监控、信息发布和信息交互，统一部署，统一安排，实现高速、高效应急。

### 3. "有备无患"——功能转化

突发公共卫生事件在不同地区的蔓延速度、关键节点把控不完全一致，要时刻保持危机感、提升敏感度，因势而动，因地制宜。一方面，灵活化使用基础设施。体育馆、展览馆、学校等公共基础设施作为临时应急场所和突发公共卫生事件的补充场所，应将其按照应急事件用地纳入国土空间规划编制内容，增加防疫救治医疗设施，增加移动实验室，强化应急物资保障。另一方面，高品质建设基础设施。基础设施的建设需要占据城市土地资源以及投入大量的资金，应严格按照程序，严把质量关，打造精品工程，提高其韧性使用能力，避免重复建设、重复维修和浪费资源。

## （三）强化产业优胜劣汰提档升级工程

突发公共卫生事件在加剧经济社会发展不确定性的同时，也进一步促进了产业结构调整。部分企业清退与破产对产业结构和经济布局都产生了重大影响，后疫情时期企业只有以技术为"鞭"、产品为"马"，才能重新占领市场的高地。

### 1. 品质升级——做好"先行者"

一方面，要有过硬的技术支撑。着力推进核心技术的突破与关键装备的研发，增强自主创新能力，加快核心技术攻关，推动生产工艺和生产流程的数字化转型，加快智能控制、智能制造、智能装配、智能检验，实现一体化、智能化发展。另一方面，要有严格的质量把关。科学严谨的质量标准体系不仅是自我要求、自我监督、自我约束的标尺，更是追求卓越、品质提能、自我鞭策的指路牌。激发内生创新动力，企业应以符合标准为起点，以创建新的标准为目标，向产品更高端、技术更前沿转型。

**2. 产业升级——做好"护航者"**

一是推动产业实现信息化改造。信息产业可以直接高效地推动传统产业升级，应加快国家信息基础设施、科研基地、企业技术中心建设，推动信息产业的快速发展和企业信息技术的优化改造，从而为产业发展提供必要的信息管理设备和相关技术。二是支持中小企业进行数字化赋能。应大力支持中小微企业应用人工智能、云计算、大数据、区块链等新兴信息技术转型发展，提高产业的数字化、网络化、智能化、绿色化水平，实现传统产业升级。三是采用灵活的政策作兜底保障。公共部门应加大在政策扶持、支持技术攻关、营造良好营商环境、搭建企业服务平台等方面的支持力度，做好企业稳健发展、开展联合攻关、丰富产品供给的"大后方"。

**（四）强化高新技术与现代化应急产业融合工程**

应急产业主要包含应急物资原料、机器装置的生产与供应、应急产品研发与制造以及应急物资的储备、运输和管理。应急产业发展趋势随着大数据、人工智能、物联网、区块链、云计算等在应急领域的加速应用，以及社会风险的多元化趋势，未来应急产业将呈现交叉化的发展趋势。强化高新技术与现代化应急产业的融合，发展包括智能防护、应急通信、预测预警、无人救援技术在内的产业体系，用产品解决安全和应急问题，促进安全和应急管理水平的提升。

**1. 提高效率——找到融合工程"催化剂"**

一方面，加快"产业＋技术"融合赋能工作。切实解决应急产品功能单一、个性缺乏、现代科技应用不足的问题，加快产业集群集聚，促进产业向精深加工方向发展，走集聚、集中、集约高效之路，提高产业链韧性。另一方面，加快"产业链＋人才链"融合赋能工作。应急产业是预防、处置突发公共卫生事件而提供的产品和服务的活动集合，行业涉及研发、制造、销售等多个环节，涉及公共部门、社会组织、生产企业等多个主体，加速产业链与人才链对接融合，有利于加强应急产业人才队伍建设，提升应急产业竞争力。

**2. 保证质量——做好融合工程"稳定器"**

一方面，大力夯实应急产业发展基础。做好应急产业发展规划，明确应急产业发展定位，优化完善应急产业管理体系，建立健全应急物资储备管理制度，促进我国应急事业发展。另一方面，完善应急产业设施配套。优化应急产业相关权证制度，完善应急产业相关法律法规，推动应急产业规范化发展，构筑应急服务平台、应急产业云平台与大数据中心，推动构建"大产业、大转型、大发展"格局，保障产业良性发展。

**3. 做强优势——发展融合工程"领头雁"**

一是做大做强行业头部企业。头部企业懂得如何开拓有效市场，如何全力开发新产品，带动技术、市场、信息等服务提升，通过发挥龙头企业的辐射带动作用，增强产业发展的市场主导性与产业集中度。二是建立健全应急产业体系。构建应急产业自主创新体系，为产业发展提供持续动力；构建应急产业人才培养体系，壮大人才队伍，满足产业发展要求；构建应急产业投融资体系，创新投融资机制，提高资本配置效率，促进产业持续发展；建立行业标准体系，形成技术先进、应用繁荣的市场格局。三是加强国际合作与交流。应急产业发展不仅要取长补短，提高综合发展能力，还应着眼世界、放眼全球，构建协同化发展模式。

## 五、蔚然成风——倡导全民参与的应急管理意识

### （一）加强科普宣教工作，提高危机觉察的自我防御意识

深入贯彻习近平总书记关于科学普及的相关论述，切实加强医学救治、应急防护、紧急救援等知识科普，提高公众危机识别能力、应急处置能力、调整恢复能力。

**1. 加大宣传普及力度**

一是由宣传部门牵头，协同卫健部门与相关部门组建联合抗疫、联合应急、联合信息发布机制，及时准确对外公布疫情防控信息。二是组织相关科研院所与高校的权威专家，积极发挥相关科学技术协会的作用，通过多种平台，持续发布防疫、应急相关知识，在应急科普宣传中发挥行业专家作用。三是由众多公共文化机构，如博物馆、科技馆、图书馆等，结合自身特色及功能，开展有针对

性、实效性的应急科普活动，寓教于乐，让群众将应急管理知识内化于心。四是传统媒体与自媒体联动宣传，通过现场调查、人物采访、纪实跟踪、线上直播等方式呈现一个真实且丰富的疫情防控全景图。

**2. 加大宣传普及广度**

一是利用纸质媒介。通过出版书籍、编订报纸、制作海报等形式进行应急管理知识的宣传。二是利用网络平台。通过各宣传主体官网、微信公众号、微博以及小程序等渠道提高群众接收信息宣传的便捷性。三是利用主流媒体与自媒体结合。通过多种媒介结合的传播方式，创新信息传播途径。

**3. 加大宣传普及深度**

一方面，系统性普及，整体提高。除了弥补公共卫生领域知识的短板，还应强化对地震、火灾、泥石流、危化品泄露、瓦斯爆炸等自然灾害和突发事故的普及。另一方面，日常化普及，内化于心。通过进社区、进农村、进家庭、进学校、进企业，以简明易懂的方法，向群众普及如何识别相关预警信号、制定家庭应急计划、准备家庭应急物资、熟记场所撤离路线、了解附近避难场所，营造人人懂应急、人人会应急的浓厚氛围。

**（二）开展爱国卫生运动，提高危机防范的全民参与意识**

爱国卫生运动不仅能强化群众健康意识，预防、减少和消灭疾病，提高全民健康水平，还能推动人民文明卫生素质的提高和文明卫生习惯的养成，把我国建设成为一个文明、卫生、健康、富强的现代化国家。

**1. 丰富内容，创新形式**

一是常规类污染防治。社区发动居民共同参与洁净家园活动、爱卫活动，重点工作为环境清洁、整治城市秩序和提高居民卫生健康意识，并成立志愿者工作小组，参与到爱国卫生运动中来，美化、靓化城市环境。二是疾控类卫生防治。为防止疾病病毒的变异传播，各地区疾控中心应定期对城区公共环境的病媒密度进行监测，并出具监测报告。三是形成广泛性健康意识。突出服务传染性疾病防控主题，重点开展"洁净家园志愿服务、爱国卫生科普宣传、病媒生物防治、农村厕所革命"四个方面的活动，清洁卫生死角，做好杀菌消毒，为群众普及卫生健康知识，为各地各级公共部门持续做好疫情常态化防控工作提供良好基础。

**2. 攻克难点，突出重点**

一方面，爱国卫生运动经费投入要进一步加大。需要提高对其经费投入的重视程度，将经费投入纳入一般公共预算，确保基层健康教育、治理污水和综合改造环境的经费保障。另一方面，爱国卫生运动制度建设要进一步加强。目前，由于缺乏相关制度支撑，全国爱国卫生运动委员会在开展活动时的独立性和权威性仍需提升。下一步，应出台相关制度，强化爱国卫生运动委员会在各地"爱卫运动"和疾病防治工作中发挥统筹与协调作用，保障人民群众健康和应对危机，如图3—2所示。

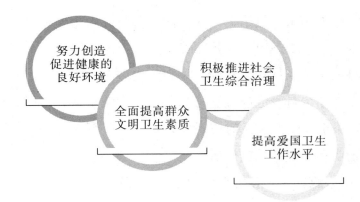

图 3-2　《关于进一步加强新时期爱国卫生工作的意见》的四大重点任务

## （三）集合社会多方力量，提高危机应对的"整体战"意识

积力之所举，则无不胜也。拔地而起的火神山、雷神山医院，29 个省、市、自治区和新疆生产建设兵团组成的 330 个医疗队伍，4 万多名医护人员组成的增援队，融合多方力量，彰显的是六合同风、四海一家的家国传统，有力筑牢了全民防线。

### 1. 审时度势，强化公共部门应急科学管理意识

一方面，要强化危机意识，不断督促党员干部时刻保持居安思危、未雨绸缪的忧患意识，筑牢安全第一防线。另一方面，要强化部门职能，抓好隐患排查治理，落实责任、细化职责，统筹做好危机"防、治、救"各项工作，加强部门与部门之间的互动合作，提高管理效率。

### 2. 超前布局，强化企业应急规划调整意识

企业是经济社会发展的重要基础，起着扩大就业、增加收入、改善民生、稳定社会的重要作用。疫情期间，许多企业结合自身产品特点和相关政策要求，采取了线上线下相结合的方式向全社会提供高水平服务和高品质产品。为保证企业持续的输出能力和韧性服

务能力，一方面未雨绸缪，深入了解、参与社会重大公共突发性事件的预警、应急处理以及疫情防控工作，提前看清自身危机应对优势与劣势，提前规划战略布局，规划危机应对方式方法。另一方面随机应变，结合自身应急规划与当前疫情发展形势，科学判断，客观分析，采取有效措施及时应对突发事件，降低企业损失，最大限度保证企业有序生产和安全运行。

### 3. 精心谋划，强化社会应急联合处置意识

习近平总书记指出："疫情防控不只是医药卫生问题，而是全方位的工作，各项工作都要为打赢疫情防控阻击战提供支持。"[①] 社会组织有着独特的专业性和服务性，公共问题的广泛利益决定了民间组织和社区组织的重要性，要强化应急联合处置意识，提高危机韧性处置能力。一是构建多元主体的社区治理模式。发挥社区网格员、社会组织、物业公司、社区卫生服务中心等多元主体构筑的联防联控、目标一致的社区治理网，切实履行特殊时期的义务与责任，让自愿参与、听从指挥成为社会共识和基本准则，提高自组织能力。二是弘扬志愿者精神。志愿者作为促进社会稳定、缓解社会矛盾的润滑剂，应以自身的学识和志愿服务的精神为社会传递正能量，推动建立和谐友爱的社会大家庭。三是发扬红十字会人道主义精神。红十字会具有扶危助困的光荣传统和成熟完备的组织机构，应切实加强制度管理，落实权责，提高组织管理效能，充分发扬红十字会精神。

---

① 新华社记者. 同舟共济，坚决打赢疫情防控阻击战——习近平总书记在中共中央政治局常务委员会会议上的重要讲话引发强烈反响 [J]. 共产党员（河北），2020（03）：7－8.

# 第四章　节点控制

## 一、有效遏制突发公共卫生事件萌芽

### （一）树立应急管理"红线"意识

坚持"底线"思维，强化"红线"意识，是习近平新时代中国特色社会主义思想的重要要求，是我党治国理政的重要思想方法、工作方法、领导方法。

#### 1. 强化"红线"意识的意义

坚持"底线"思维，强化"红线"意识，增强忧患意识，是党和国家战胜各种风险挑战，抢抓历史机遇的重要指导思想和工作方法，党的十八大以来，习近平总书记多次强调要坚持"底线"思维，"红线"意识，凡事从坏处准备，努力争取最好结果，这样才能有备无患、遇事不慌，牢牢把握主动权。"底线"思维是目前认识把握外部环境深刻变化和我国改革发展面临的新情况新问题新常态，以及有效应对各种风险挑战的必然要求，"红线"意识是把握公共安全的最低防线，是应对各种风险挑战、维护国家安全、保持我国经济社会持续健康发展、持续推进中国特色社会主义事业、实现"两个一百年"奋斗目标和中华民族伟大复兴的内在要求。

### 2. 把握"红线"意识的内涵

"备豫不虞,为国常道。"习近平总书记指出:"当前,我国正处于一个大有可为的历史机遇期,发展形势总的是好的,但前进道路不可能一帆风顺,越是取得成绩的时候,越是要有如履薄冰的谨慎,越是要有居安思危的忧患,绝不能犯战略性、颠覆性错误。"①"红线"意识以维护国家和人民利益为出发点和价值导向,具有一定目的性、价值性。坚持和发展中国特色社会主义,全面建成社会主义现代化强国,实现中华民族伟大复兴的中国梦是坚持"红线"意识的总体目标。这一总体目标将通过经济、政治、文化、社会、生态等各方面建设实现,任何影响中国特色社会主义发展和中华民族伟大复兴中国梦实现的风险都要坚决防范化解。坚持维护国家主权,切实保障人民利益,实现中华民族伟大复兴、共同建设人民群众幸福美好生活,是我们坚持"红线"意识、坚持和发展中国特色社会主义的最高价值取向。党的十九大提出增强八个方面的执政本领,其中之一就是增强驾驭风险本领。中华民族在几千年的发展历程中,从未对事物发展过程中会遇到的风险和困难掉以轻心。围绕《国家突发公共事件总体应急预案》,应坚持"底线"思维和"红线"意识,强化应急管理体制和法治建设,增强对偶然性突发事件的重视程度,不断完善应急管理预警机制建设,这对实现中华民族伟大复兴中国梦这一伟大目标有深远意义。

---

① 以时不我待只争朝夕的精神投入工作 开创新时代中国特色社会主义事业新局面 [J]. 共产党员,2018(04):4—5.

**3. 坚持"红线"意识的要求**

《周易·既济》中讲："君子以思患而豫防之。""红线"意识的"红线"是指一定领域内不能逾越的规定线。任何一个国家、民族都有自己要坚守的底线。当前，中华民族伟大复兴重大任务正处于发展关键期、改革攻坚期、矛盾凸显期，各级党组织和领导干部要本着对历史负责、对人民负责的态度，善于运用"底线"思维和"红线"意识。要强化政治意识，严守政治规矩，坚定理想信念，做到理论与实践相统一，做对党忠诚的表率；要强化责任意识，坚持改革创新的发展路径，积极主动作为，勇于攻坚克难，做勇于担当的表率；要强化自律意识，言有所戒、行有所止，做清正廉洁的表率。全体应急管理干部要勇于战胜前进道路上的各种艰难险阻，牢牢把握主动权，加强职业素养，不断增强大局意识，常怀忧患之心，坚定战略意志，弘扬斗争精神。

## （二）厘清突发危机响应流程

加强和规范对突发公共事件的应急管理，提高针对突发公共事件的处置能力和抗风险能力，保障公共安全和社会秩序稳定，最大程度减轻突发公共事件危害，首要任务是完善突发性公共危机响应机制，厘清突发危机响应流程，形成标准统一、运转高效的应急管理机制。

**1. 正确处理应急预警**

依据突发公共事件的发生过程、性质和机理，主要分为自然灾害、事故灾难、公共卫生事件、社会安全事件四类。面对突发性公共安全紧急事件，首先要切实落实公共部门社会管理和公共服务责任，把保障人民健康和生命财产安全作为基本要求。针对区域内可能发生的各种突发公共事件，一是不断完善预测预警机制，充分利用基层网格力量掌握属地真实情况，对已经发生的可能造成公共危机的事件高度重视，地方职能部门第一时间到达现场，全面掌握实际情况；二是科学处理预警信号，联系医疗、教育、科研、心理等专业技术团队对潜在风险隐患进行风险评估，全面梳理突发情况，做好应急预案；三是强化行政领导责任制，建立分类管理、分级负责、条块结合、属地为主的协同作业机制，将突发公共事件情况准确、真实、高效地上报职能部门和上级单位，并做好事件应对的准备工作。

### 2. 快速确定响应级别

突发公共事件往往是交叉关联的，某类突发公共事件可能与其他类别的事件同时发生，或引发次生、衍生、耦合事件，应当统筹协调、灵活应对，做到具体问题具体分析。根据事件机理性质、危害程度、可控性和影响范围等因素，制定应急响应分级标准，对可能发生和可以预警的突发公共事件进行预警，一般分为四级：Ⅰ级（特别重大）、Ⅱ级（重大）、Ⅲ级（较大）和Ⅳ级（一般），通过报刊、广播、电视、数字媒体、宣传车、警报器和组织工作人员上门通知等方式，全方位多维度发布预警信息和响应级别，向社会各界公开事件紧急程度和危害级别。

### 3. 全面启动应急方案

以《国家突发公共事件总体应急预案》为纲领，制定有全局性的地方突发公共事件总体应急预案、有针对性的专项应急预案、有支撑性的部门应急预案；同时根据现实情况，快速反应、协同应对，组建高层级应急管理（救援）领导机构，统筹突发公共事件的应急管理各项工作；设立基层应急管理办公室，履行值守应急、信息汇总和综合协调职责，发挥运转枢纽功能。依据有关法律，由相关类别突发公共事件的专职部门负责制定应急管理方案具体细则；属地政府负责本行政区的应对工作，发布公共部门应对措施和公众防范措施，加强以属地管理为主的应急处置队伍建设，建立健全公共部门联动协调制度，坚持依靠人民群众，汇聚"不懈怠、不退缩、不畏难"的强大力量，形成统一指挥、反应灵敏、功能齐全、运转高效的应急管理体系。

### 4. 大力开展救援行动

各有关部门要按照职责分工和应急管理条例做好突发公共事件应对工作，同时根据总体方案切实做好应对突发公共事件的人力、物力、财力、交通运输、医疗卫生及通信等保障工作。一是充分整合调动各类人力，实现卫生、市场监管、民政、教育、消防等部门协同合作，组建医疗卫生、科学研究、社会心理等多领域应急救援专业队伍和骨干力量，优先开辟应急专业救援队伍的生命通道。二是完善受灾群众基本保障，确保重点地区人民群众的基本生活储备和物资调拨及时。三是加强应急物资供应链维护，推进应急物资生产、储备、调拨和紧急配送体系规范化、系统化运行，为紧急生产应急物资的企业提供政策和资金扶持，确保应急所需物资和生活用品的及时供应。四是加强公共医疗卫生保障，组建医疗卫生领域应急专业处置队伍，探查各地医疗物资、人员配备缺口，依照需要及时赶赴现场开展医疗救治、疾病防控等卫生应急工作，必要时组织动员红十字会等社会组织力量参与医疗卫生救助工作，在灾害发生地医疗卫生资源不能满足应急需求时，组织动员相邻地区医疗卫生机构参与对口救援。五是确保交通运输正常有序，保证紧急情况下应急交通运输工具的优先安排、优先调度、优先放行，重点开辟受灾地区通往外界的物资运送、人员流通通道，对重点物资和人员开辟"绿色通道"，确保运输通道通畅，应急物资和救援人员及时、安全到达。六是增强治安维护力度，加强对重点地区、重点场所、重点人群、重要物资和设备的安全防范，加强对临时安置点的治安巡逻和人员巡查，依法打击违法犯罪活动，维护社会秩序稳定。图4-1、图4-2、图4-3展现了某市小区（院落）不同情景下应急处置的流程。

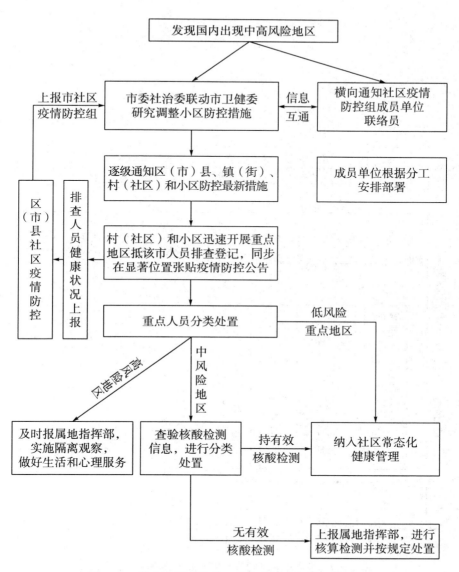

**图 4-1　某市小区（院落）应急处置流程图　情景一**

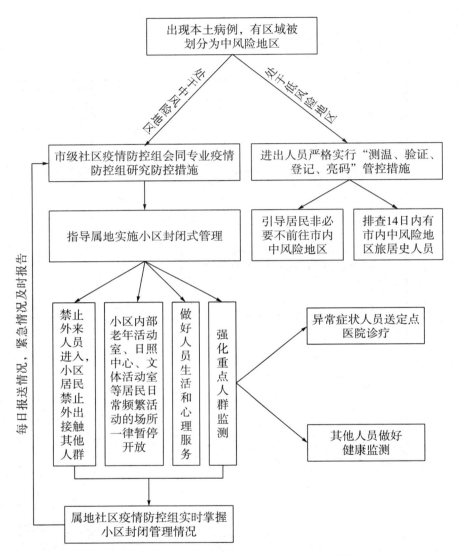

**图4-2 某市小区（院落）应急处置流程图 情景二**

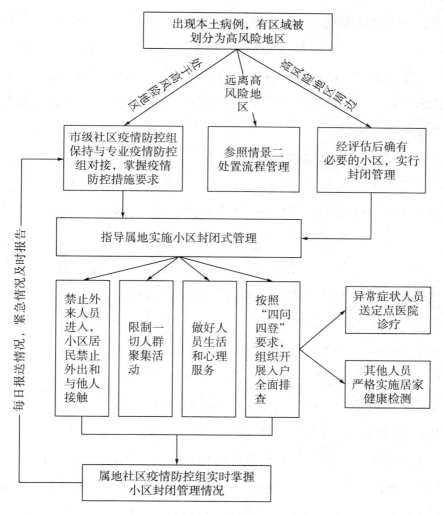

**图4-3 某市小区（院落）应急处置流程图 情景三**

## （三）提高信息传导反馈效率

一个有效的信息传导过程，需要通过一定渠道将信息发布者所表达的事实、想法、方案等及时、准确、有效、全面地传达给接收者，并通过反馈通道确认接收者收到并了解发送者发布的真实信息。因此，一个有效的信息传导机制，不仅在于发布方式的畅通性、发布渠道的准确性、发布信息的完整性，更在于内部反馈机制的高效性，要确保接受者正确接收信息，全面理解信息，增强信息传导反馈效率。

**1. 坚持推进综合传播机制**

突发性公共事件是具有一定普遍性的社会危机，具有突发性、普遍性和非常规性的特点，一旦存在信息报送不及时、信息披露不完整等情况，就可能进一步扩大危机影响范围。因此，健全信息传导机制是防止突发公共事件扩大的重要手段之一。信息传导机制是对信息传递过程中路径设计和中间介质的选择，必须要制定清晰的信息传播机制，形成纵向按照层级和管理流程严格传递信息，横向按照组织和动员全面传播信息的综合传播机制。一个有效的信息传导机制不仅要保证信息获取、传递的准确性和完整性，更要保证传导各节点的接受度和反馈情况。利用多层级、跨部门的综合传播路径，高效准确的传达发布者真实意图，并通过乡镇、村（社区）、院落、楼宇、志愿者等基础节点对信息收集、预警信息接纳度、职能部门预警防控工作开展情况等工作推进情况进行反馈。根据实际反馈情况，研究应急预案工作推进重难点，强化信息传导的及时性、跨领域合作的高效性、基层群众接收信息的可理解性，进一步优化信息传播机制。

**2. 明确信息反馈渠道分类**

从信息发出到受众获取的路径称为信息传导渠道。在突发危机事件中，不论是由官方主导的正式渠道还是由民间自发形成的非正式渠道，都是信息传导渠道的组成部分。官方渠道的信息权威性和信息准确性是任何民间组织都无法替代的，但与此同时，个人和非正式团体以公众情感需求为导向发出的信息极大程度上抚慰了公众心理，降低了恐慌情绪。故而在突发应急事件信息传导过程中，应有效运用好这两种渠道，既要发挥正式渠道的权威性作用，也要利用非正式渠道多维度传导反馈的优势，对人民群众迫切关心的信息发布公开化、透明化，确保信息发布能及时满足公众需求，并规范非正式渠道发布信息的真实性。

**3. 防止信息传导偏差**

突发事件一旦发生，信息就会以第一现场为圆心迅速向外传播（如图4—4），其传播形式多种多样，包括个体对个体、个体对群体、群体对个体、群体对群体等，除第一接触人之外，每一个传导节点既是传导主体，也是信息传导接受体，这就导致了信息传导过程中经过不同个体传播后完整性和准确性存在差异。在常态化应急管理中，应强化权威部门的实体作用，加强信息发布平台建设和维护，充分利用互联网平台定制栏目窗口，定期发布权威信息，通过市长电话、市民热线、服务窗口、基层走访等多种方式倾听民情民意，对人民群众希望获取的信息发布更加透明公开，对人民群众有疑问的问题及时予以答复，提升公众对信息的判断能力，树立正确的信息传导理念，共同维护社会秩序稳定。

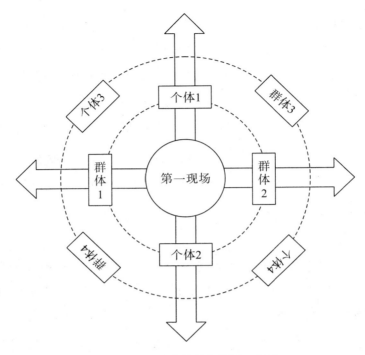

图 4-4 突发事件信息传播示意图

## （四）提升危机及时处置能力

提升危机处置能力是应急管理的重点，危机处置能力主要表现为迅速平息事态、维护社会稳定、恢复正常生产生活秩序。

### 1. 危机处理的核心在于及时性

突发事件发生后，相应的公共管理部门应该在第一时间将事件全面、真实、完整的传达至突发事件处理部门，由应急处理部门对信息进行筛选、分类，确立突发紧急事件类别，快速上报主管部门，通过官方媒体将全面、真实的信息传达给公众，发布公共预警信息。同时对受灾地区给予特别关注，一是建立流程清晰的应急响应机制，在属地原则的基础上，围绕突发公共事件应急预案体系，设置科学化、系统化、规范化的应急响应流程；二是组织高效的调度指挥模式，以高效调度作为强有力的应急"指挥棒"，由应急管理领导小组统一领导、统一指挥，联合职能部门发挥协调联动作用，形成即时管理和高效联通的调度指挥模式；三是配置合理化的设备物资，首先调动区域性应急管理储备物资，优先保障一线工作人员和受灾群众基本需要，根据公共事件发展的"拐点"预测和实际需求测算物资需求量，进一步加强后方供给保障；四是充分利用社会多方力量，引导社会各界积极有序参与公共危机管理，实现社会力量整合，打造共建共治共享的社会治理格局；五是正确引导社会情绪，加大对虚假违法信息的打击力度，及时公布公共危机信息，疏导公众应激情绪，汇集正能量，营造积极向上的社会氛围。

### 2. 危机处理的关键在于专业性

由于突发公共事件具有极强的复杂性和不确定性，全面收集突发公共事件真实有用信息的工作具有一定困难。因此由医疗、教育、社会、心理、科技等方面专家组成综合应急团队在应急管理部门发布应急响应后，及时了解受灾情况和属地信息，通过专业团队的深入分析和科学研判，提供系统、可行的合理性建议，动态完善应急预案和治理方案。以疫情为例，动员国内各省优秀医疗队伍支援重点地区，加快科研院所推进多种技术路线疫苗研发，组织社会工作者开展线上心理疏导讲座等，通过各领域专业人才协同发力，针对性、及时性进行危机处理。

### 3. 危机处理的生机在于下沉式

在危机处理中，要注重重心下移，力量下沉。一是管理下沉，充分发挥村（社区）在应急管理中的基本信息收集、信息报送、公共事务协同协办、各部门工作协同联动中的作用，联合社会组织、院落自治委员会和志愿者团队共同参与治理，赋予基层组织更多权力权限，强化基层部门职能作用，完善基层自治；二是人员下沉，基层工作人员和专业技术人员，都应围绕应急管理防控措施严格落实外来人员排查、重点人群管控、基本民生保障等问题，把专业力量和人才队伍下沉到乡镇、街道、车站、市场等人口集中地；三是宣传下沉，突出平战结合，在平时加强对公共卫生防护知识技能培训，提高公众科学防疫意识和应急思维，在战时注重均衡分配医疗资源，合理利用公共资源空间，确保应急管理机制高效快捷运转。

## 二、先期抑制公共危机爆发

### （一）完善公共危机预警机制

预警机制是指预先发布警告的制度，通过及时提供警示的机构、制度、网络、举措等构成的预警系统，实现信息的超前反馈，为及时布置、防范风险于未然奠定基础。预警机制主要具备以下几个特点：科学性、系统性、操作性、及时性、高效性以及创新性。

**1. 注重科学性，兼顾系统性**

注重科学性、兼顾系统性就是要从整体出发，理论联系实际，在应急管理体系全方位建设过程中，推进科学、系统地完善预警机制。预警机制是及时有效预防突发事件的有力手段，健全和完善预警机制要充分强化理论基础特别是危机管理理论，吸收其中的危机管理思维，并不断发展和完善相关职能部门管理能力和管理体系。同时，应急管理部门要将疫情的萌芽期、爆发期、散点期和常态期等时间节点作为一个整体，理清公共危机事件的发展脉络，通过多方整合、抢抓重点、把握节点，贯彻系统性，立足整体性，分析整体与局部、整体与环境之间的内在联系，将有效保证危机预警机制建设的科学性和系统性贯穿于事件演变全过程。

**2. 具象操作性，保证及时性**

完善预警机制的根本目的是预防和阻止突发事件演变成公共危机事件，这就需要一个可视、可及、可行的实施方案。这个方案不是"纸上谈兵"的文件，也不是喊口号式的形式主义，而是要具体细化到发生某一事件后要做什么、谁来做、怎么做、如何维持长效性和可持续等方面。突发事件具有影响力大、传播速度快等特点，因此要求每一套预警机制都要在保证其可操作性的基础上，以抢抓时间节点为第一要求，强调及时性原则，促使相关职能部门和责任人能够第一时间获取事件发生情况和所造成的影响，并根据可视化的预警机制要求进一步做出具象化反应，防止和遏制危机进一步扩散。

**3. 夯实高效性，注入创新性**

将损失降到最低、保护人民群众生命安全是完善预警机制的主要目标，想要阻止突发事件演变成公共危机事件，就要检验预警机制的高效性，在保证突发事件处理质量的同时提高处理效率。突发事件的发展具有偶然性和不可逆性，因此，在完善预警机制夯实高效性的同时，还要注入创新性，在疫情的传播途径、传播速度、传播范围等相关信息随时变换的过程中，根据事件动态演变过程实时跟进、调整方案。

## （二）高效调配应急资源要素

2020年2月23日，习近平总书记在统筹推进新冠肺炎疫情防控和经济社会发展工作部署会议上强调："要健全统一的应急物资保障体系"，"要把应急物资保障作为国家应急管理体系建设的重要内容，按照集中管理、统一调拨、平时服务、灾时应急、采储结合、节约高效的原则，尽快健全相关工作机制和应急预案。"①

### 1. 优化应急物资产能布局

2020年2月14日，习近平总书记主持召开中央全面深化改革委员会第十二次会议时强调："要优化重要应急物资产能保障和区域布局，做到关键时刻调得出、用得上。"② 全国性工业布局主要是确定总体布局的战略发展方向，优化重点工业地区分布和地区比例，保障应急物资总体供需平衡；地域性工业布局着重确定各区域工业建设项目分布地区与地点选择，注重配套协作项目的分布、原料与能源来源、产品销售区域等。根据我国轻工业分布情况（如表4—1所示），对于长期供应的日用轻工业要分散布局，因地制宜发展当地优势产业，保证当地及周边地区资源正常流通，对于短期可能出现供应短缺的物资要建立与集中生产、调度机制相匹配的原材料供应体系，尤其是疫情期间严重短缺的口罩、防护服等应急物

---

① 习近平在北京市调研指导新型冠状病毒肺炎疫情防控工作［J］. 党建，2020（03）：2.

② 习近平主持召开中央全面深化改革委员会第十二次会议强调完善重大疫情防控体制机制　健全国家公共卫生应急管理体系［J］. 中国行政管理，2020（02）：2.

资，要统一质量标准，安排企业定时定点生产，同时还要敦促企业提高突发应急生产能力，确保应急物资保障有力。

表4-1　全国轻工业区域布局情况

| 类别 | 分布区域 |
| --- | --- |
| 纺织工业 | 全国的大纺织业区有以上海为中心的苏浙皖地区，以武汉为中心的湘鄂赣地区，以重庆为中心的四川盆地地区，以天津为中心的京津冀地区，以青岛、济南为中心的山东地区，以郑州为中心的河南地区，以太原为中心的山西地区，北京地区，东北地区及西北地区等。其中大的棉纺织城市为上海、天津、石家庄、郑州、武汉；毛纺城市及地区有上海、天津、江苏、辽宁、青海；大的丝纺城市及地区有上海、天津、青岛、大连、无锡、株洲、益阳、黑龙江等；大的化纤城市及地区有上海、辽宁、仪征、平顶山、丹东、保定、北京等地 |
| 家电工业 | 主要生产地分布于上海、常州、北京、天津、广州、南京等大、中城市，分布较广 |
| 造纸工业 | 主要生产地分布于辽宁、黑龙江、吉林、上海、山东、福建、天津、广州等地 |

（资料来源：中国网）

## 2. 健全国家应急物资储备体系

疫情防控战也是一场后勤保卫战。疫情初期出现的口罩、防护服的巨大缺口暴露了应急物资储备体系的专项短板。应全力保障应急物资储备的大规模、全品类、多结构，提升系统化物资储备效能，形成全周期管理闭环。应建立健全国家统一的应急物资采购供应体系，对应急救援物资实行集中管理、统一调拨、精准配送，推动应急物资供应保障网更高效、更安全、更可控。一方面要推进重点领域扶持力度，提升口罩、防护服等医疗物资生产加工效率，加快企业复工复产速度，灵活运用多种方式扩大产能，由地方职能部门出台相应优惠政策，全力扶持中小微企业加快发展。另一方面要完善生活物资供给体系，抓好农副产品的生产、检疫、流通，保证交通运输"绿色通道"，进一步加强市场监管，严控防疫及生活必需品购销差价率。

**3. 确保医疗力量科学精准迅速调配**

"用药如用兵，用医如用将。"医务人员是战胜疫情的中坚力量。一要调度有序，工作有力。坚持灵活性贯穿计划性，根据既定计划安排调度的同时精准判断；坚持预见性兼顾集中性，抢在问题进一步扩大前做好准备工作，集中统一调度安排；坚持及时性辅以准确性，做好信息管理工作，及时准确反馈疫情变化情况，为下一步人员调度做好铺垫。二要保障物资，注重防护。关心关爱医务人员，加强对一线医务工作者的后勤保障，全力保证防疫物资供应充足，加强防护知识普及和防护设备供给，确保基层工作人员、医疗救治者、志愿者等一线工作者的生命安全。三要待遇从优，劳逸结合。建立好轮班调休工作制度，稳定医务人员精神状态，对一线工作者增加临时性工作补贴、防疫津贴补助等，同时将抗疫工作表现纳入职称和岗位考评体系，完善奖励机制和政策体系。

（三）完善信息发布引导功能①

信息发布一直是公共危机下社会治理的重要一环。信息发布机制的实质是政府对外公布应急处理工作推进情况，以及引导公众采取正确应对措施的权威性机制。

---

① 张建. 应急管理新思维——基于疫情的多维度思考［M］. 四川大学出版社，2020.

**1.　信息发布做到及时准确**

公共危机的发生势必会引发公众的恐慌和焦虑，而信息发布正好主动吸引了公众对公共安全的关注，不论是共性上的"新闻发布会"还是个性上的"询问式答复"，都应当积极应对，做到及时准确的回复。一是把信息统筹管理作为主要任务，明确各部门职权定位和责任分工，以"不推诿，不粉饰"的工作态度，坚守公共管理岗位职业操守和基本素养，做到责任单位第一时间明确、责任人第一时间到位。二是把强化职能职责作为基本要求，不论何时都要坚持常态化信息收集制度，坚持对行政主体主要职能范围内日常信息的筛选、收集，分类归档整理，随时做好应急管理准备工作。三是坚持完善各部门新闻发布制度，职能部门要有敢于担责的工作态度，适当适时的通过新闻发布会、文件、官方媒体等正式传播渠道及时进行信息公布，随时做好与媒体互动和应对舆情的准备。

**2.　信息发布做到温和有力**

公众既是公共危机的承担者，同时也是公共危机的感知者。在应急管理的统筹指挥下，公众不应在事实真相之外。公共部门在信息发布时，一是强化自身对危机情况的全面掌握，对现场处置情况、人员受灾情况、救援工作开展情况等一系列应急处置情况给予公开公示，适时发布有效信息，积极履行主体职能责任，增强政府信息发布的权威性和公信力。二是强化主体站位，对危机产生的原因进行分析追溯，对下一步危机发展趋势进行事先预判，积极承担职能责任。三是体现执政温度，及时对突发性公共危机中发生财产损失和出现人员伤亡的家庭、在救援行动中发生意外事故的医疗人员、人民子弟兵、政府工作人员等进行慰问。

### 3. 信息发布做到全面有效

在突发性公共危机的萌芽阶段，信息发布是效果最好、成本最低、传播范围最广的应急管理手段。一方面通过信息全面、准确、高效的发布，实时统计公共危机中受灾情况，及时向社会各界发布受灾地区实际情况、救援工作推进情况，稳定公众情绪，对危机情况未触及的其他地区进行预警，利用互联网平台、社交媒体、社区点位等多维度宣传正确防控措施，保证人民群众生命财产安全，强力遏制公共危机蔓延。另一方面，深入受灾一线，对重点地区第一手资料全面掌握，完善医疗资源配置，对困难人群进行重点扶持和救治，对地方医疗机构、检验检疫机构、物资配送等重点领域进行对口支援，突出应急管理中以人为本的温度和力量，形成有针对性、实效性的动态应急管理体系。

## 三、分析研判情势进行适配应对

### （一）多点散发型——突出遵循预案的规范处置

随着疫情防控阻击战取得阶段性胜利，疫情防控呈现出常态化背景下"多点散发"的新特征，对应急循案提出了新要求。在"多点散发"式防控阶段，应遵循预案原则，强化不同节点上各项预案的统领性、针对性和操作性，科学、精准、高效地预防应对散发疫情，最大程度降低散发疫情对整体经济社会发展的影响。

### 1. 提升综合应急预案的统领性

综合应急预案是从总体上阐述处置事故的应急方针、政策、组织结构及相关职责，包括应急行动、措施和保障等基本要求和程序。综合应急预案的统领性主要表现在：从根本方向上统筹疫情防控和经济社会发展，从预期效果上统筹应急处置阶段的快速反应和常态化背景下的精准应对，从协调机制上统筹资源调配高效和部门沟通顺畅。不断提升综合应急预案的统领作用，一是要始终坚持"以人为本，生命至上"的原则，强化属地管理责任，依法落实疫情监测、隔离救治、检验检疫等各项防控措施，不惜一切代价救治感染病患，坚决遏制疫情扩散蔓延。二是要针对突发公共危机事件类别，压实相关部门责任，全国各地树立阵地意识，从实处着手、在细处用功，切实把各项措施逐一落实到一线防控中。三是要依据演变趋势做出动态预判，精准发布防控等级，系统制定防控流程，严格实施隔离措施，科学锁定检测范围，积极开展周密排查，迅速做好物资调配。

**2. 提升专项应急预案的针对性**

专项应急预案是针对具体的事故类别、危险源和应急保障而制定的计划或方案。提升专项应急预案的针对性，一是人员配备要有针对性，根据事件类别配备相关领域专业技术人员。二是物资储备调动要有针对性。合理调整生活保障、医疗救援、救灾恢复等物资储备结构，确保物资供应与应急需求相匹配。三是模拟演练要有针对性。针对应急演练的预警、响应、处置等不同环节，实景还原式的开展模拟演练，将演练场当成实战场，检验应急预警是否及时、应急响应是否迅速、应急处置是否有效。

**3. 提升现场处置方案的可操作性**

现场处置方案是针对具体的突发事件、场所、岗位所制定的应急处置措施，具有很强的针对性和可操作性，包括危险性分析、可能发生的事故特征、应急处置程序、应急处置要点和注意事项等内容。系统编制处置方案，规范风险评估及危险性控制，加强平时应急演练，提升战时反应速度。完善现场第一责任人制度，明确处置方案具体内容和行动要领，熟悉应急处置流程，加大对确诊患者、疑似患者及其密切接触者的流调排查力度。及时转移隔离确诊病患，并对现场环境进行彻底消杀，防止成为二次传染源，有效切断疫情蔓延路径。

## （二）局部聚集型——突出组织指挥的系统处置

面对局部聚集疫情，应着眼于调动专业力量、压实属地管理责任、强化重要卡口管控等方面，凸显组织指挥对局部地区疫情防控的系统应对；应依托公众持续提升的防疫意识，强化宣教，逐步提高全社会疫情应对能力；应在防控经验基础上，总结优化并有效落实常态化防控策略，控制局部疫情传播。

### 1. 充分调动专业力量

一是充分调动医护专业力量。医护队伍是疫情防控中的重要力量，要不断增强检验检疫、追踪流调、临床医治、终末消毒等专业领域人才队伍素质，依托专业力量的精准性、灵敏性、高效性，提升感染病患救治水平；要加强专群结合，将专业力量下沉一线，指导基层干部群众科学开展排查、管理、监测、消杀等日常防控工作。二是充分调动秩序管理专业力量。做好隔离点等重点区域的安全管控，同时配合医护人员做好综合协调、数据分析、后勤保障等工作。要严厉打击哄抬防疫物资价格、造谣传播不实信息等违法犯罪行为，加快办理疫情防控刑事案件，维护属地医疗秩序、防疫秩序、市场秩序和社会秩序。三是充分调动社会专业力量。积极组织动员社会各方资源，有效形成全社会广泛参与疫情防控的强大合力。借助并依托国内各大电商、物流企业丰富的物流应急经验、领先的专业技术、先进的设备和管理系统，协助头部物流企业协助物资运营管理，提高物资分类堆码和分配调拨效率。

**2. 压实属地管理责任**

明确防控责任层级，压实属地责任，严格按照疫情"哪里发生，哪里管控"的原则，根据实际情况细化防控方案、规范防控流程。要坚持"外防输出、内防扩散"，压实"属地、部门、单位、个人"四方责任，对外严格人员流出管控，对内及时开展应急处置；要切实增强对疫情防控重要性、紧迫性的认识，切实加强重点防控措施落地落细落小落实，坚持以核酸检测为中心扩大预防，确保全员核酸检测进度和质量；要加强相关部门协作，坚持以流调为基础迅速隔离潜在传染源，严格标准规范，防止内部蔓延；要严格院感防控措施，强化医护人员培训，规范个体诊所等不具备隔离救治条件的医疗单位报备程序，坚决实现医院"零感染"。

**3. 强化重要卡口管控**

一是建立重要卡口管控队伍。积极探索并推广"党建＋防疫"模式，在重要卡口设立临时党支部、党员先锋岗，建立一支"党员示范冲锋、志愿者补充协助、群众密切配合"的管控队伍，进一步压实责任，强化对重要卡口管控力度。二是严格重要卡口管控程序。在航站楼、高铁站、高速路口、公路交汇口以及各村、小区等重要场所设置卡口，建立健康码、体温监测、核酸检测证明、"疫苗证书"等综合通行管控机制，从源头控制输入、从内部防止输出，构筑群防群治抵御疫情的严密防线。三是细化重要卡口管控内容。对往返人员坚持全员管理、分类施策，做好始终地信息、途径地信息、乘坐交通工具信息、体温信息、疫苗注射信息等详细记录，并做好动态跟踪。

### （三）多点散发与局部集聚并存——突出分类施治的精准处置

疫情防控新常态下，本土疫情呈现多点散发与局部集聚交织的局面，应坚持分类施治的原则，通过散点流调、全面摸排等手段，对不同地区、不同等级的疫情实施动态化、精准化处置，遏制散发地区疫情扩散苗头，防止局部集聚地区疫情暴发。

**1. 通过散点流调遏制苗头**

流行病学调查是疫情防控最基础、最关键的环节，组建多部门人员构成的流调溯源组，能对快速控制疫情发挥重要作用。要紧盯重点地区、重点人员、重点环节，进一步加大流调排查力度，扩大隔离、检测、管控范围，整合多方资源，更早地发现疫情苗头，找准摸清感染源和传播链，使疫情防控用力更加精准，减少疫情波及面、加快控制速度，坚决阻断疫情蔓延的一切可能性。

**2. 通过全面摸排构筑屏障**

全面摸排是疫情防控的坚实屏障，要制定针对性的摸排方案，细化工作举措，强化网格化管理，严格遵守"格不漏户，户不漏人"的摸排要求，确保摸排做到全覆盖、无死角、无遗漏。一是人群摸排要全面，在村（社区）网格化管理的基础上，要对各网格内人员进行地毯式摸排，将摸排信息及时登记造册、上报汇总，确保人员摸排全覆盖。二是信息摸排要全面，在人员全面摸排的基础上，细化表格，针对重点排查对象增加往返地点及时间、同行人员、交通工具（具体航班次、列车时刻表等）、紧急联系人等信息，确保摸排信息完整全面。三是场所摸排要全面，要秉持"人物同防"的理念，强化商场超市、写字楼、农产品市场、餐厅食堂、影剧院、网吧 KTV 等聚集性场所防控力度，严格落实具体场所测温、查验健康码、通风消杀、戴口罩、"一米线"等防疫措施。严格进口冷链食品监管，重点查验冷链食品检验检疫证明、核酸检测报告、消毒证明、追溯信息等。

**3. 动态实施风险等级管控**

对疫情分区分级精准防控，有利于统筹疫情防控与经济社会发展，要按照"科学防治、精准施策"原则，实行疫情风险等级动态管理，依据疫情发展态势和防控工作需要，适时调整风险等级。在管控方针适配上，较高风险区实施"严格防控、阻断流行"的防控策略，中风险区实施"严防扩散、阻断输出"的防控策略，低风险区实施"阻断传播、追踪管理"的防控策略，无疫情区实施"严防输入、统筹兼顾"的防控策略。

## 四、构筑节点管控的保障之网

### （一）织密公共卫生服务网络

坚持以人民生命安全为中心，针对疫情防控工作中的薄弱环节，完善基本公共卫生体系，持续扩大基本公共卫生服务覆盖面、优化服务内容、提高服务质量，有效提升基本公共卫生服务水平。

**1. 强化基层"前哨"作用**

织密织牢公共卫生安全网关键在基层。一是切实提高基层医疗机构面对突发公共卫生事件时的应急能力。加强与属地公共管理部门对接力度，做到发现及时、处置迅速、管控精准，切实保障城乡社区居民生命安全和身体健康。二是持续完善基层医疗卫生服务体系。加快紧密型公共卫生配套服务建设，细化实化基层医疗机构传染病防控、医院感染防控等评价要点，强化实化各类型诊所发热病人就诊流程规范化管理，切实做好预检分诊、传染病及突发公共卫生事件报告、处理和感染管理等工作，不断提升传染病常态化防控能力。三是强化基层防控网格化和社区服务精细化。严格遵循"外防输入、内防反弹"总体防控策略，充分联系群众、组织群众、发动群众，加强全民健康教育，引导和激励群众增强自我防护和自我服务意识，广泛发动、分期分批推进"全民接种"，夯实疫情防控和经济社会发展的基层根基。

**2. 推进卫生健康管理信息化建设**

在实现"两个一百年"奋斗目标的历史进程中，发展卫生健康事业始终处于基础性地位，通过推进医疗卫生信息管理系统建设，切实提升卫生健康工作效率，是夯实基础的关键之举。一是要充分发挥健康档案的信息支撑和便民服务作用，完善"互联网＋医疗健康"体系，依托 App、小程序等数字媒体服务平台，动态化查询居民电子健康档案、基本医疗保险等公共卫生信息。二是要充分保障健康档案信息安全，完善 3D 人脸识别认证、登录异常警告等监管措施，保障电子档案系统记录的真实性，提升档案系统工作效能。三是要充分扩大电子健康档案的应用范围，鼓励基层医疗卫生机构和医务人员依托线上问诊系统提供医疗服务，及时更新居民健康档案和医疗服务记录，完善居民对服务真实性及满意度的反馈机制。四是建立电子健康档案清理维护制度，定期清理失效居民电子健康档案，规范电子健康档案的转入、转出流程，加强电子健康档案动态使用管理，为实现全民医疗卫生数字化打下坚实基础。

### 3. 提升综合诊疗能力

面对严峻的疫情形势，只有构建起强大的公共卫生体系，织密防护网、筑牢筑实隔离墙，才能切实为维护人民健康提供有力保障。应健全优化重大疫情救治体系，确保在突发公共卫生危机等紧急情况时，医疗机构有能力"先救治、后收费"；完善医保异地即时结算制度，创新建立特殊群体、特定疾病医药费减免制度和临时救助金调动制度；统筹基本医疗保险基金和公共卫生服务资金使用，实现公共卫生服务和医疗服务有效衔接。应进一步增强医务人员对突发重大传染性疾病的诊断防控能力，开展医疗救治工作培训，结合临床实践和近期数据统计，对疑似病例和确诊病例的诊断、治疗、解除隔离标准等进行全方位解析，夯实疫情防控理论基础。应充分发挥中医药在急危重症方面的优势和特色，创新建立中医药参与突发公共卫生事件应急网络和应急救治工作协调机制，提高中医药在应急救治和重大传染病防治方面的效率。

### （二）铺开基层社区治理网络

习近平总书记考察新冠肺炎疫情防控工作时强调："要着力完

・ 107 ・

善城乡基层治理体系……夯实社会治理基层基础，推动社会治理重心下移。"① 社会治理重心下移，就是将人财物等各种资源下沉基层，进而更好地了解、服务群众。在疫情防控常态化时期，更要夯实基层社区治理基础，守好基层社区这个联防联控的一线阵地，筑牢"外防输入、内防反弹"的铜墙铁壁。

**1. 突出党建引领**

加强和创新基层社区治理，根本在于党的领导。只有发挥党与人民群众的智慧合力，才能发挥好基层治理的主动性和创造性。一方面，城乡社区治理应坚持法治化、规范化、程序化和科学化，坚持多样化治理模式，创新优化"党建＋"治理模式，在公共服务、公共安全、公共卫生等领域以及解决基层群众生产生活困难和问题的过程中发挥积极作用，切实听取民情民意，将居民意见融入社区治理当中；另一方面，努力通过科学、理性、有力、有效的措施，把疫情控在萌芽、禁在局部。有效管控重点区域和重点人群，有序进行流调溯源和检验检疫，全面加强辖区各行业各领域常态化防控，保障辖区社会运行平稳有序。充分发挥各级党组织在爱国卫生运动中的牵头引领作用和广大党员干部的示范带头作用，坚持党建带群团，调动群众参与爱国卫生运动的积极性、主动性。

**2. 夯实责任主体**

基层是社会治理的深厚基础和重要支撑，治国安邦重在基层。将基层社会治理与防疫工作有效结合，关键在于驾好基层社区建设与管理的居委会、业委会、物业公司"三驾马车"，在社区党组织

---

① 在湖北省考察新冠肺炎疫情防控工作时的讲话［J］. 理论导报，2020（04）：28.

的领导下，社区居委会、业委会、物业企业成立联合党支部形成合力，最大限度优化资源配置，集中力量解决问题。通过单建、联建、派驻党建联络员等方式，推动业委会、物业公司党的组织和工作全覆盖，搭建起街道、社区、业委会、物业公司的学习交流平台，结合辖区地域特点，精准把脉、科学谋划，积极探索党建引领物业管理的新模式，健全完善社区治理体系。

### 3. 构建数字社区

加快推进智慧社区和安防小区建设，利用基层社区服务管理通用平台等便携移动服务端渠道和交互手段，收集整合各类数据，完善服务体系，强化智能管控，实现社区服务、社区管理、居民信息等数字化管理。在确保人防力量不放松的前提下，利用"人防＋技防"的治理方式，引进智能化管理设施，以夯实社区防控为基础，建设具备戴口罩面部识别、访客身份验证、实时数据分析等多功能的社区智慧化管理系统，提高管控社区人员流动能力，降低他人伪造冒用身份带来的隐患风险。依托社区信息系统全覆盖，及时更新数据信息，加强电子信息系统功能性，确保数据真实性，全面加强对外来流动人员的动态管理，对重点人群实施观察、记录，科学引导社区居民正常交往和有序参与公共事务，创新社区治理和服务新模式。

### （三）筑牢服务群众兜底保障网络

习近平总书记指出："保障和改善民生没有终点，只有连续不断的新起点。"[①] 筑牢民生兜底保障网络应以社会救助制度为主体，

---

① 习近平：保障和改善民生没有终点站只有新起点［J］. 人才资源开发，2013（07）：1.

以兜底线、织密网、建机制为基本要求，保障人民群众基本生活需求。

## 1. 民生保障兜底有序

始终把群众利益放在首位，提升民生工作的温度。越是发展遇到困难和挑战的时候，越要依靠人民、关心人民，以民生工作的实效给社会以良好预期、给群众以更多信心。疫情防控期间部分群众会突发性、紧急性、临时性遇上基本生活保障压力骤升、基本物资供给匮乏等困境，应坚持民生兜底力度不减，夯实民生工作的限度。在疫情防控常态化情况下，一是保障好困难群众基本生活。坚持应保尽保、保障到位。针对疫情严重、风险较高地区，适当增加对困难户的生活补助力度；针对因疫情防控需要，无法外出务工而滞留本地，且失去基本生活来源的本地群众，按相关标准纳入最低生活保障范围。针对返岗复工的城乡低保居民，可适当降低务工成本。针对因疫情致贫返贫的其他群众，及时落实建档立卡、社会救助等政策，有效保障其基本生活。针对疫情防控中感染患者以及受影响家庭，按规定一事一议加大临时救助力度。针对因隔离收治需要导致家庭基本生活出现暂时困难的家庭，由属地街道实施基本生活救助。二是保障好陷入临时困境的外来人员基本生活。针对疫情防控期间，因封城、交通管控等原因，临时滞留本地的外来人员，应根据地方基本生活标准，做好其住宿、饮食、衣物等基本保障。针对因疫情原因，既无经济来源又无家庭支持导致基本生活出现短暂困难的其他外来人员，应由辖区相关部门按规定给予临时救助。公安、城管以及社区工作人员在日常摸排巡查时，若发现上述外来人员出现发热、咳嗽等疑似症状，应及时安排检查和隔离救治，做到应救尽救。三是保障好特殊困难人员基本照料服务需求。针对负责监护或照料的工作人员，若因需要出现隔离收治的，应及时了解其负责监护或照料的对象基本情况，移交所在村（社区）安排好探视慰问和监护照料工作。针对老年人、残疾人、未成年人等生活自理困难人员，所在地区街道及民政部门应保持联络，增加走访频次，及时提供援助。

**2. 诉求回应兜底有向**

确保事事有回应，增强民生工作的力度。一方面确保困难群众求助有门。在疫情防控期间，各地区应向公众公布求助热线，扩大求助渠道，完善转介机制，确保事事有回应、件件有着落。应利用现代智能技术，简化工作流程，提升办理效率。采取非接触、远距离等灵活方式进行入户调查，按章程及时公布有关社会救助及其他涉及公众的事项经办结果。另一方面确保困难群众受助及时。疫情期间应进一步强信心、暖人心、聚民心，做好党和政府有力保障基本民生的惠民举措宣传。积极动员相关社会组织、志愿服务者、心理咨询工作者有序快速参与救助工作，确保困难群众受助及时。针对因疫情被隔离收治人员及其家属、感染病亡人员家属应及时开展抚恤慰问。

**3. 情绪引导兜底有效**

进入常态化疫情防控阶段，疫情对部分群众心理造成的负面影响逐渐显现，应加强情绪引导的重要性和紧迫性。一是正确认识社会心理在疫情事件中的基础作用。后疫情时期必须对于个体所处环境以及社会发展环境进行预判，尤其是疫情严重地区人群、患者本人及其家属、一线工作人员等，采取有效的心理评估，构建重点人群心理评估测试体系，准确把握各类社会群体的利益诉求，稳定人民群众的心理预期，驱散群体消极情绪，培育积极向上的抗疫心态。二是发挥专业队伍在社会心理中的关键作用。步入后疫情期，更应切实增强社会心理服务从业人员专业性，全力构建专兼配合、多方参与的社会心理服务队伍。强化多方参与，全力整合辖区专业医务人员、心理咨询师、优秀教师、退休干部、专业志愿者、社工等多种力量，组建辖区社会心理咨询和危机干预专家库，为群众提供多类型、专业化心理咨询服务。强化业务培训，择优选取辖区心理专家，组成辖区社会心理服务讲师团，定期开展业务培训，提升基层干部对有心理行为问题和常见精神障碍人员的筛查、识别、处置能力和水平。三是强化社会心理服务配套设施的辅助作用。强化点、线、面深度融合应用，搭建一张全域覆盖的社会心理服务网络，着力提升服务惠及率。抓牢点的辐射，就是坚持属地负责、属事配合原则，以镇街、社区为基础服务单元，以综治中心、医疗机构为阵地，为辖区群众提供心理筛查、心理咨询、心理辅导等服务。抓实线的指引，就是坚持聚点成线，督促各单位自觉开展本领域本系统内部心理问题筛查、引导、危机干预等工作，进一步规范各行业领域内部社会心理服务工作。抓好面的统筹，就是坚持汇线成面，依托综治信息系统、疫情防控指挥系统等，建立纵向贯通、横向联通的社会心理服务平台，为辖区群众开展线上心理测评、远程心理疏导，对异常情况实时预警、及时处理，动态掌握社会心理基本形势。

# 第五章　体制机制

## 一、新常态下突发公共卫生事件应急管理体制机制建设的启示

"认识新常态、适应新常态、引领新常态"①，是 2015 年中央经济工作会议上习近平总书记就我国当前和未来经济发展逻辑所作的重要指示，这些新思想、新要求也为做好应急管理工作提供了根本遵循。新常态下，公共卫生事件应急管理面临新挑战，风险管理成为新时期应急管理体制机制发展的主要着力点。2020 年中央全面深化改革委员会第十二次会议上，习近平总书记强调："完善重大疫情防控体制机制，健全国家公共卫生应急管理体系"，这一任务既具有紧迫性也具有长期性，要求应急管理体制机制要更注重风险管理，加强源头治理和动态管理，重视多元协同处理，以保障人民生命安全为目标，全面系统布局应急管理工作，主动适应突发公共卫生事件应急管理新常态，如图 5－1 所示。

---

① 习近平主持召开中央全面深化改革委员会第十二次会议强调完善重大疫情防控体制机制　健全国家公共卫生应急管理体系［J］.中国行政管理，2020（02）：2.

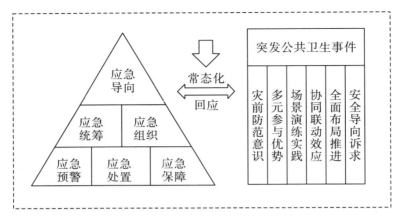

**图 5—1　应急管理各要素常态化转变**

（一）应急导向—由"灾后救助"向"灾前预防"转变

现阶段，我国发展进入新时期，面对新发展机遇的同时也面临各种社会矛盾、风险、隐患叠加，对发展和稳定提出了新考验。党的十八大以来就如何防范化解风险提出了新的要求，必须强化忧患意识、注重风险防控意识先行，才能作用于行动导向。当前，应急任务的复杂和多变，让应急管理面临更大的挑战，应急准备与灾前预防的重要性得以逐步体现，应具备向"全过程管理"转变的思维，系统考虑突发事件应急准备与预防、预警监测、信息报告、应急响应、应急处置与善后处理等阶段相衔接，确保应急管理各要素高效运转，形成"以防为重，防救结合"的应急工作格局。最有效的风险管理是能够最大程度规避危机与灾害的发生，现代应急管理工作的重心应该放在事前防范，从被动的灾害应对变为主动的预防化解，进而把危害程度降至最低。

传统应急管理模式作用的时间节点为灾后，倾向于突发重大公共卫生事件的事后救助，具有被动性、回应性的特点。现代应急管理应该是一种主动、有意识地在危机发生前精准预测、有效应对，力求最大限度地降低或减少损失的动态过程。以"一案三制"（应急预案，应急管理体制、机制和法制）为核心的应急管理体系重点强调应急响应，它将对人员伤亡、财产损失起着弥补式、修复式作用。但灾前防范仍是应急响应的前提和基础，且灾前防范有利于把可能的危害程度降至最低，对灾害发生有着防范式和减免式的作用。

随着应急管理体系的不断完善，我国已形成了从国家整体到部门专项的预案防范体系，并切实发挥了重要作用，但应急预案的实践操作还不够成熟。一系列公共危机事件的发生，再次对公共卫生领域提出新的挑战，完善应急管理体制机制具有实践迫切性。在健全应急管理体制机制的过程中，对突发公共卫生事件的应急管理应趋于主动化、常态化，做到预期谋划、精准规划。应急管理工作的开展应当从意识和行动两方面得到重视，完善对应急预案的制定和评估，加强应急管理决策、执行、监督、保障的全流程管理。突发公共卫生事件具有极大的不确定性，为避免"小概率"带来大损失，应急应趋于常态化，坚持事前预防的应急导向，以在不确定中把握先机。

（二）应急组织——由"单个主体"向"多元融合"转变

通过大部制改革组建应急管理部门，有效应对了应急管理体制机制碎片化问题，构建了功能整合和责任协同的"大应急"格局，推动形成"防"与"救"相结合的新格局。现阶段我国处于转型发展时期，突发公共卫生事件存在不确定、复杂性、变异性等新特点，决定了单一部门独自应对的有效性无法保障，"协同应对"符合新时代新要求。危机事件牵扯范围较广，决定了我国的应急管理体制机制不能仅仅局限于政府统揽或部门组织独立运行，更需各级组织、基层群众形成多元协同融合的模式，强化应急自救、社会互救的能力。理念源于实践，要打造多元融合模式，必须坚持多元融合理念指导实践工作。应急管理要立足战略思维，强化顶层规划的作用，坚持将法制化、科学化等用于指导应急管理实际工作。同时，必须加强多元融合应急组织力量建设，创新多元融合工作机制，以突发公共危机为基点，确保交通、安保、医疗、军队、城管、市场监督等多部门之间的联合畅通，实现应急组织的有效性。

近年来，突发事件应急管理中多元融合组织有效联动已成为一种趋势，成为提高应急管理效果的关键所在。应急管理过程中会涉及多元主体的共同利益，当危机事件来临时，容易出现多元协作关系失调，影响应急管理实施效果。传统应急管理模式具有地区性、部门性和行业性的分散特点，部门之间的职责界限、协同联动仍存在较大的提升空间。对于较为复杂的突发重大公共卫生事件的跨区域、跨部门、跨行业协调，仍需进行有效提升。因而必须抢抓改革机遇，完善应急管理体系，以组织融合推动体制机制创新。

面对当前形势，我国建设应急管理体制机制应该突显法治、规划、系统的特点，以顶层设计实现融合组织的法治效力，并积极促使其向常态化转变，构建"一元主导、多元融合"的应急组织。其中应重点实现应急指挥的集中统一，并重视发挥交通、城管等部门及社区等组织对于社会人力、物力、财力资源等方面的整合及调配优势，体现多元融合组织在应急管理全过程的及时性和高效性。

## （三）应急预警——由"理论预测"向"场景演练"转变

大灾如大考，有备而无患。近年来国家高度重视各地区应急管理水平，不断提升应急处置能力，将危机意识常态化。传统"危机—应对"的应急预警模式已无法支撑现代化的应急预警体系建设，应逐步转化为情景式应对，以应急演练的实践操作切实加强预案的有效性和可操作性。以练为战、实战实练，可有效评估预案、锻炼队伍、完善机制，科学提高危机应对处置能力。"情景—应对"型预警模式需要公共管理部门对已发生的危机进行全面分析，从疫情数据中提取出有价值的情报，通过其态势发展总结规律，运用到应急预测工作中，更新应急管理实施措施。场景演练主要基于应急预案展开，尽可能地考虑事件的全过程，尽可能地还原并反映应急处置中的动态操作，以问题牵引推动预案改进。

应急管理预警是指权威部门通过识别危机相关征兆，进行辨别、分析和评估，对事件发生可能性、发展趋势及规律等方面做出预判，并及时对相关部门和社会做出警示的应急管理工作。应急预警是政府应急管理工作开展的基础，在危机预测、风险警示、提高危机意识等方面发挥着重要作用。目前我国应急预警机制是利用大数据平台实现大范围实时预警系统的覆盖，对预警系统检测到的数据进行分析，及时发现隐患，快速锁定敏感人群，并以此为数据基础，通过大数据平台进行理论预测。

## （四）应急处置——由"分散处理"向"集约协同"转变

分析以往突发公共卫生事件诱因，风险因素日趋多元化、复杂性，危害程度多体现为范围广、跨区域、群体性等特点，对公共卫生应急管理工作提出新考验。基于 Edward A. Murphy 提出的一种心理学效应"墨菲定律"，在危机事件的假设中表明，只要有发生灾害事故的可能性存在，不管有多小，其灾害迟早会发生。这启示我们，灾害应急应该做到有备无患、居安思危和积极防范，逐步适应应急管理工作的社会化和日常化。以往突发事件来临时，应急处理大多以政府统筹，分部门进行危机处理，属于相对独立的多向管理，且横向联系与纵向协调之间较为分散，缺乏有效联动的协调机制，机制运行过程中会出现责任交叉和管理脱节的情况，无法有效处理危机事件。现阶段我国总结经验，逐步建立起适合我国国情的应急管理工作机制。重大灾害抢险救灾联动机制的重要性逐步凸显，包括应急响应的跨部门协同、应急指挥的集中统一、信息发布的开放共享、应急处置的集约协同等体制机制的构建和完善。"黑天鹅"事件改变了公众对危机事件的认识，危机发生的难以预测性决定了应急管理工作应该重视其应对模式的社会化转变，探索其科学行为和社会行为的介入路径，促使危机应对走向集约协同。

习近平总书记强调："要坚持群众观点和群众路线，坚持社会共治……筑牢防灾减灾救灾的人民防线。"[1] 积极推进我国应急管理

---

① 习近平在中央政治局第十九次集体学习时强调 充分发挥我国应急管理体系特色和优势 积极推进我国应急管理体系和能力现代化〔J〕. 中国应急管理，2019 （12）：4－5.

体系和能力现代化，构建"党委领导、政府负责、民主协商、社会协同、公众参与、法治保障、科技支撑"28字社会治理创新格局，将社会力量作为社会韧性建设的重要元素和灾害风险管理的重要力量，是社会治理结构创新的体现。危机事件发生的不确定性及危害的全域性，决定应急管理工作机制是多元主体参与的"社会应急管理体制"。应通过灾害经验的探索及政策的推动，激发协同机制的构建和完善，如"芦山地震"通过建立协同机制，为社会参与提供了平台。相关应急管理应对经验表明，只有建立包括政府、市场、非政府组织及公民个人共同参与的危机应对网络，才能加强应急管理工作的韧性，提升危机应对能力。

社会应急管理体制是常态化社会治理结构在危机中的折射，危机管理实践进一步推动社会治理创新。疫情防控过程中，涉及公共部门、企业、科研机构、民间组织和志愿者个人之间密切合作，对最终取得抗击疫情的胜利具有不可忽视的重要作用。社会化参与是新常态的新走向，但在整个应急处理过程中也暴露出一些短板：专业队伍建设薄弱，社会力量参与能力有待提升，社会组织自身韧性不足，在战"疫"中存在安全隐患。社会组织的协作渠道不通畅、缺乏专业合作平台等，直接影响着社会协同处理机制的形成。在应急管理新常态下，应正视短板所在，努力突破协同机制藩篱障碍，促进应急管理体制机制创新发展，实现应急处置转变。

（五）应急统筹——由"单一目标"向"全面布局"转变

对于形势的准确把握是做好应急管理工作的出发点和立足点。以往在应急管理过程中对于灾害的应对主要是基于单向的应急控制，体现为应急统筹的单一目标，这一过程中灾害所带来的损失将依靠后期经济的发展来弥补。此次疫情的爆发不同于以往的灾害应急单一目标，对我国应急管理提出新的挑战。虽然疫情防控形势呈现向好趋势，但疫情传播具有跨地域、隐匿性特点，因此当前我国疫情防控进入新常态，应急管理体制机制也必须常态化，应急统筹应由"单一目标"向"全面布局"阶段转变。

常态化防控并不仅仅意味着疫情防控的日常化，而是在经济发展的新常态下，从疫情防控到经济、社会、文化、环境等方面做出相应改变、强化全面布局的思维，做好准备与疫情防控新常态进行衔接和适应。2020 年 4 月 17 日，习近平总书记在主持召开中央政治局会议时强调："要抓紧抓实抓细常态化疫情防控，因时因势完善外防输入、内防反弹各项措施并切实抓好落实。"① 复工复产意味着人员的大范围流动，需要各地区全范围进行防控工作的对接和准备，同时也要求各地区各部门之间加强联防联控，实现信息共享、全方位衔接，为应对潜在风险做好准备。在疫情的重大冲击下，社会治理各方面发生了重大转变，相应地必须在现有社会治理下应用非常态化的管理思维，进行动态管理，在社会治理各方面进行全面布局、重点把控，以适应应急管理新常态下体制机制的创新和改革。

常态化防控思维代表着战"疫"的持久性和防疫的长期性，必须建立充实的"后备粮仓"，以支撑"前线迎战"的准备，要求必

---

① 中共中央政治局召开会议　分析国内外新冠肺炎疫情防控形势　研究部署抓紧抓实抓细常态化疫情防控工作　分析研究当前经济形势和经济工作　中共中央总书记习近平主持会议 [J]. 时事报告，2020（05）：4－5.

须兜住底线，保障人民基本生活。在疫情防控新常态下，扩大宣传提高疫情防控安全意识，培养公众对危机隐患的敏感度，并出台相关帮扶政策保障援岗就业的有序进行，合理安排确保政策衔接有力、全面做好复工复产准备。在新的治理视角下，促使共建共治共享大格局的有效形成，以维护社会稳定、保障人身安全，适应应急管理新常态，推进应急统筹向全方位、立体式、高层次、多维度的疫情防控"全面布局"转变，寻求新阶段应急管理体制机制创新的新路子。

### （六）应急保障——由"维护稳定"向"安全导向"转变

通过以"一案三制"为核心的应急管理体系在一些领域的实践，以及近年来在社会治理创新、防范和化解重大风险方面的经验，在总体国家安全观战略下，应推动应急管理向全过程的转变，将生物安全纳入国家安全体系，全面加强和完善公共卫生领域相关法律法规建设。这种由传统安全和非传统安全共同构成的大安全格局，促使安全导向发生转变。国家治理、政府治理和社会治理的目标导向应基于社会安定对公众安全提供持续保障，进一步要求现阶段应急管理工作应以"安全为导向"，并将其作为在预案体系中形成价值取向和应急管理工作的重要原则。

马斯洛需求层次理论将安全需要作为第二层次的需求，充分体现稳定、安全、受到保护等作为基本保障的重要性。习近平总书记指出："平安，是富起来后老百姓第一位的民生需求，安全感是新时代民生幸福不可或缺的重要指标"①，安全导向逐渐成为发展主线。全面贯彻落实总体国家安全观，坚持将安全稳定和统筹发展作为当下两项工作抓手，坚持人民安全、政治安全及国家利益至上的有机统一，在风险防范中立足于"防"、把握住"控"，以有效化解风险维护安全，持续构建安全大环境格局。国家治理强调公共安全与社会稳定，既包括稳定也重在安全，是新时期社会治理中应急管理体制机制的重要创新。

我国现阶段处于改革攻坚期和深水区，必须加快实现传统社会管理向现代社会治理的重要转变。习近平总书记在党的十九大报告中指出："树立安全发展理念，弘扬生命至上、安全第一的思想，健全公共安全体系……提升防灾减灾救灾的能力。"② 创新应急管理体制机制，应时刻把人民生命安全放在第一位，坚持应急保障安全导向。推动建立安全风险评估、加大管控力度，高度重视并完善应急预案的评估机制，强化顶层设计的系统思维，确保实现应急管理保障安全和稳定双重目标的体现。新的社会治理时期，应紧抓机遇，推动应急管理体制机制改革，着力促进公共卫生体制机制的创新发展。

---

① 平安是老百姓解决温饱后的第一需求——学习习近平总书记关于民生工作重要论述体会之十四［J］. 民生周刊，2019（03）：1－3.

② 习近平. 决胜全面建成小康社会　夺取新时代中国特色社会主义伟大胜利——在中国共产党第十九次全国代表大会上的报告［J］. 四川党的建设，2017（21）：10－31.

## 二、创新应急管理新常态体制机制方向探析

为适应应急管理常态化转变，应将建立机制作为抓手，切实推动应急管理工作的长效化。坚持从法治思维、战略思维、系统思维、正向思维、科学思维、主体思维、创新思维及底线思维等多角度进行全方位立体性地把握，并基于总体国家安全观的前提，综合考虑应急管理全过程，从应急响应流程法治化、调度指挥效能优先化、管控力量下沉有效化、物资保障配置合理化、情绪引导正能量化及多方参与有序化等方面创新应急管理体制机制，将制度优势转化为应急管理的治理效能，加快推动国家应急管理体系的建设和完善，如图 5-2 所示。

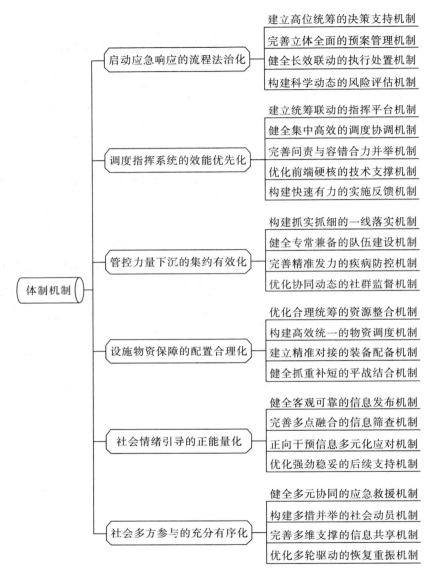

图 5-2　创新应急管理体制机制路径思维导图①

---

① 张建. 应急管理新思维——基于疫情的多维度思考 [M]. 四川大学出版社，2020.

## （一）启动应急响应的流程法治化

应急响应是针对可能发生的事故，为迅速、科学、有序地开展应急行动而预先进行的思想、组织、物资准备。在启动应急管理流程时，需要规范完备的启动程序，建立决策支持机制、完善预案管理机制、健全执行处置机制、构建风险评估机制，形成应急响应法治化的全流程管理。

### 1. 建立高位统筹的决策支持机制

决策支持机制要求上下协调，跨地区、跨部门的协作一体化，并以大数据技术作为决策基础，打造决策支持平台，实现决策系统纵向和横向整合统一。

（1）创新决策支持体系

突发公共卫生事件的不可预见性决定了决策支持机制必须是灵活柔性的，以保证各级各部门在决策过程中游刃有余。重大公共卫生事件发生后，不仅严重影响人民基本生活、带来人身财产损失，还将扰乱社会秩序。因此，迅速、高效制定决策是有效应对灾害的前提。一方面，通过建立通畅请报制度，允许决策者非常规情况下跨层级请示、报送有关信息、问题，减少中间环节，快速将决策指挥所需的信息进行上传下达。另一方面，建立授权决策制度，打破常规的决策层级界限，赋予应急一线的指挥者一定的信息处理决策权，提高应变能力和决策效率。

（2）打造决策支持平台

打造决策支持平台有助于解决突发公共卫生事件决策过程中"信息孤岛""组织部门各自为营"的问题。利用好大数据、人工智能等信息化支撑，消除决策支持层级障碍、信息沟通及专业化限制，实现决策支持机构协作、部门配合、多元参与的有效衔接。一是跨层级统筹规划。应对突发公共卫生事件涉及多层级、多区域、多维度的单位部门，决策支持平台能将各部门的力量聚集融合。二是跨部门信息共享。实现多部门之间信息共享，建立信息定期更新机制，解决信息孤岛问题，实现部门间的统筹协同和有效协作，最大限度发挥平台效能。三是跨专业人才引进。决策支持平台的发展离不开各类人才的支持，培养人才、健全人才体系，是平台建设的必要条件，需要国家、政府、各级组织、社会团体的共同合作。

（3）夯实决策支持基础

随着科技发展，各类突发公共卫生事件的背景、诱因、发展态势比以往更为复杂，仅依靠人力很难快速有效地作出科学合理的决策，须利用大数据技术为应急决策提供技术基础、案例支撑。公共决策支持系统（Decision Support System，简称 DSS）是以管理学、运筹学、控制论和行为科学为基础，以计算机技术、信息技术、仿真技术为手段，针对公共危机管理中半结构化和非结构化决策问题，支持决策活动采用人工智能的人机系统。主要任务是：收集过去突发公共卫生事件案例数据，分析其规律，制定决策并进行评估，选出最优决策方案。大数据时代，对公民个人隐私保护也很重要，公共安全和公民隐私之间需达到平衡，必须充分发挥立法在隐私保护及数据安全中的根本作用。夯实决策支持基础一方面要做好公共危机管理决策系统的建设，另一方面出台并完善大数据相关法律法规，利用法律手段保护组织及个人的数据安全和隐私。

**2. 完善立体全面的预案管理机制**

应急预案是针对突发公共卫生事件预先制定的处置方案，目的是提高政府及其他单位组织的应急准备能力，及时发现应急预案中的问题，并根据问题提出建议、完善预案，使预案能够指导政府及其他单位组织的应急工作，最大限度地保证应急救援行动及时、有序、有效开展，减少由于应急处置措施不当造成的损失。预案管理过程需要法律加以规范和保护，我国的《突发事件应对法》对应急预案的部分实体性内容有所规定，预案管理工作基本实现有法可依，如图5－3所示。

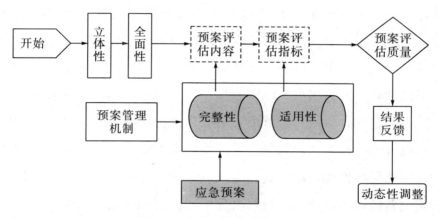

**图 5－3　完善预案管理体制机制**

（1）宏观把握应急预案内容

建立全面立体的预案管理机制应充分考虑预案涉及内容。预案内容包括：核心任务、必要的反应能力、应急行动系列程序、评判标准、预期成果及预计时间。基于充分性考虑，一个完善的应急预案，是建立在充分的风险评估基础之上的。如果可以确定预期目标和能力并完成核心任务，那么该预案就是充分的。基于可行性考虑，应急预案的承担机构或部门能否在预案设置的时间内，利用现有资源履行指定的职责，并完成目标任务。这些机构或部门应该根据任务，分配现有的内外部资源，并跟踪资源利用状态。基于可接受性考虑，执行者可以在现有资源条件下有效履行职责，避免产生人力、物力、时间方面的额外风险。基于符合性考虑，应急预案应遵守我国法律法规、相关政策对应急预案的要求。

（2）精准编制预案评估指标

根据应急预案编制过程，分为实施过程、实施效果两个阶段，可将其作为预案评估一级指标。实施过程方面，包括应急启动的快速性、操作过程逻辑关系明确、相关人员责任明确、资源的充分性、方案调整控制的灵活性，以上细分为五个二级指标，对实施全过程的时效、人员、资源及方案调整进行把控。实施效果方面，基于时间消耗、人力损失、经济亏损、社会影响等因素，从应急响应时间、人员伤亡数量、经济损失情况及社会负面影响四个维度构建二级指标评估预案实施效果。疫情防控常态化下，应重视应急预案的完备和可操作性，结合我国专项应急预案完备性评估指标，构建预案完备性评估模型，通过层次分析法设置相关指标体系，基于指标可操作性进行赋值，并进行模型计算，基于计算结果多次反复修改完善应急预案指标，把握预案指标常态化与长效性。

（3）有效提升预案评估质量

应急预案评估是一系列的动态过程，依据我国对于应急预案的相关法律法规将从顶层设计规划入手，进行综合全面把握，尽可能地避免危机、减少损失，同时将其置于实践层面就相关要素进行检验，以机制优化保障预案的可操作性。应急预案评估要求全面系统性，包括评估内容的完整性、评估各要素之间的相互联系及参与评估组织的多元化。评估内容涉及应急的整个流程、预案实施细节、应急等级划分、应急人员专业素质、辅助应急力量保障等，评估的各要素之间应该有一定的联系和逻辑，便于评估流程的进行和评估后根据结果反馈调整应急预案；评估参与的组织应该是多元化的，应急管理各主体均应参与其中，从组织部门职能专业的角度进行评估，有利于提高应急预案评估的专业性、全面性，确保实现全方位、多维度的预案系统性评估。

### 3. 健全长效联动的执行处置机制

强大而持续的执行力依赖于长效联动的执行处置机制。建立健全执行处置机制要以责任化、规范化、程序化、法治化为核心，要加强组织领导、条例规范，落实责任到各层级组织及负责人。加快构建覆盖地域、部门、组织、公职人员的制度执行体系，以系统规范的流程和落实到位的责任，确保制度执行的持续跟进。

（1）上下联动抓落实

执行机制是应对突发公共卫生事件的核心环节，上下层级的联动协调，直接影响应急管理的效果。常态化疫情防控要突出上下联动，上级有关部门要加强对下级部门的指导督导，定期深入基层宣讲防控政策、提供防疫抗"疫"服务，同时把任务和责任落下去，抓细措施、压实责任，全力打好疫情防控攻坚战，形成多级联动抓落实格局，做好防控战役战线准备。大部分突发公共卫生事件具有不确定性，地方是第一响应层级，要强化地方责任，建立以地方为主责，中央部门予以支持、协调的组织协调机制，以做好准备的确定性应对疫情的不确定性。对于跨地域的突发公共卫生事件，应通过法律法规进一步明确由中央统一指挥、跨地域协作的机制，齐抓共管保安全，避免出现管理重叠区和空白区，真正形成一级抓一级、层层抓落实的局面。

（2）各司其职抓本职

面对多元、多维、多方的应急管理工作，各组织部门对于本部门所要承担的责任须尽职尽责，才能做到执行过程的系统有序。应急管理活动不仅涉及党委、政府及其组成部门、企事业单位，还包括社会组织与社会公众，以及在应对突发公共卫生事件过程中被动员参与进来的组织与个人，其参与的组织部门是多元的，涵盖交通、医疗等方面。一方面，通过区域协作、部门联动、警种配合，全力抓好道路交通应急管理工作，设置医疗专项小组确保应急行动的协作和高效，有效形成日常安全监管与疫情防控的有效衔接，市场监督部门强化食品检测技术服务、抓好食品安全监管工作，有效预防疫情感染和传播。另一方面，依据疫情发生情形，强化应急管理工作中基层部门、疾控机构、市场监督及交通运输部门等参与力度和时序，同时加强各参与主体间的信息沟通，集中力量形成疫情防控的强大合力。

（3）全力应对抓救治

习近平总书记在中央全面深化改革委员会第十二次会议上强调要健全重大疾病医疗救助制度，《中共中央 国务院关于深化医疗保障制度改革的意见》（中发〔2020〕5号）进一步提出要健全重特大疾病医疗救助制度，医疗救助在突发公共卫生事件防治中发挥专业核心作用，是疫情防治的关键环节。常态化疫情防控下，医疗救治工作应从三个方面入手：一是加强公共医疗卫生机构建设，提升专业水平，面对突发公共卫生事件可以做到应对有效、救治到位。二是做好疫情患者治愈出院后的跟踪随访工作，是对应急救治工作的直接反馈，充分反映了应急救治工作中的医疗方法、用药效果，以便根据患者健康恢复状况及时调整医疗救治方案。三是加强疫情病毒信息跟踪及研究，加快医学研发成果转化，有效应对疫情带来的危害。

**4. 构建科学动态的风险评估机制**

现代应急管理体系是风险管理的过程，科学动态的风险评估机制是实现监督精准发力的有效保证，针对危机事件诱发因素、等级转变和动态走向进行实时评估，可对突发公共卫生事件做出相关预警和分析，形成更为可视化的报告。

（1）细化风险评估指标

为强化风险应对能力，突出对危机事件的事前把控，建立完善风险分析预警机制，定期对突发公共卫生事件相关的食品、医药、等直接关联产业进行每季度风险评估及会商，对不同领域风险指标进行区别和细分，合理体现各级指标的评估方向和指标内涵，并基于案例风险评估形成总结报告，以提醒各部门加强完善和改进，形成以问题导向细化评估的风险分析评估体系，实现风险分析常态化，提高灾害风险应对能力。同时，完善风险评估标准及等级划分，加强风险识别、风险筛查相关指标设置，突出风险评估的前瞻性和指导性。常态化疫情防控下应进一步规范风险评估工作，通过出台完善风险评估工作细则，对照风险评估方案，细化评估指标。

（2）量化风险评估等级

主要通过对近年来公共危机事件进行梳理和总结，对类似问题进行区域划分，并基于不同风险等级就近年所有危机事件进行评估，形成分类排序报告，突出风险等级评估。对于排序靠前、等级较高的公共危机事件诱发因素进行分类统计，以对后期重点排危做准备。将社会稳定风险评估机制引入到疫情防控工作中，以"量化评估等级"制度为支撑，将公共危机事件事前防范、事中控制、事后跟踪相统一，将当前疫情防控工作中出现的可能引发社会不稳定的风险和隐患进行全面梳理和量化分析，在全面把控风险点源头的同时，按照高风险、中风险、低风险3个等级进行分类研判。

（3）强化风险评估跟踪

应急管理新常态下，风险评估将从定向性转为动态性。为有效预防疫情反弹，应加强对风险评估跟踪机制的建设，将疫情风险评估归于日常化工作，实时跟踪进行最新疫情风险评估，形成疫情态势诊断报告，反映疫情发生整个流程中的动态走向，作为以后突发公共卫生事件应急管理工作的参考依据。通过分析预警—空间区划—评估跟踪等全方位完善科学动态的风险评估机制，能在一定程度上保证监督的精准性和灵活性。在疫情防控新常态下，通过科学动态的风险评估机制可以对不同阶段疫情防控的重点作出部署安排。动态评估风险等级，并对疫情发生反弹的可能诱因进行具体分析，从源头上进行防范。及时有效地形成可视化的风险评估报告，确保从实际出发，以细节入手避免危机事件发生。

## （二）调度指挥系统的效能优先化

疫情防控的过程就是"与时间赛跑"，高效的调度才是有效的指挥。利用信息技术作为调度指挥的后台支撑，通过统筹联动的指挥平台、集中高效的调度协调机制，对应急工作作出科学化、高效化的调度指挥，通过行政问责、实施反馈等制度保障调度指挥系统的有序运作，最终实现统筹指挥、高效调度的目的。

**1. 建立统筹联动的指挥平台机制**

应急指挥是重大突发公共卫生事件联防联控的关键环节，指在危机发生后，由政府主导、有关组织部门积极参与配合，采用一定的指挥方式与手段开展防控、处置工作并有效遏制态势发展的系列行为。指挥系统的高效运转依赖于三个方面的协调：一是应急管理各层级指挥机构的协调，实现中央、省、市等中高层级指挥机构的权威性与镇（街）、村（社区）基层指挥机构的联动性有序衔接。二是行政机构与专业技术部门的协调，政府决策依赖于科学依据和技术手段，科学技术可借力于行政平台更好地发挥作用。三是跨行政区域指挥机构间的协调，对于传播速度快、传染范围广的突发公共卫生事件，要做好跨行政区域间的联防联控、及时阻断传播。

（1）坚持党的集中统一领导

坚持党的集中统一领导，有助于打造稳定的社会环境，调动各方因素，把人民群众带动起来、组织起来，制定正确的方针妥善解决疫情防控过程中的各种问题。要把党的领导更好地体现到应急管理各方面的制度安排、决策制定、机制运行之中。

（2）推动应急组织建设

应急指挥组织结构是应急管理指挥系统内部各要素之间有机结合、整体运行的方式。应急指挥组织结构合理设置有利于体现综合、高效的机构设置目标，有利于强化指挥职能、确保指挥成效。因此，面对蔓延迅速、态势迅猛的疫情，应急指挥组织结构的合理化建设势在必行。一是实行"双指挥长"制，调整时可相对减轻"换帅"对工作连续性的影响，主要考虑"权威重树"和"专业重构"。二是工作组设置，归并时可相对工作战线、内容的全面对应和细分，主要考虑"信息畅通"和"系统集中"。三是专业性整合，统筹时可相对忽略工作人员的平均用力，主要考虑专业力量在各个环节的工作贯通和紧密衔接。[①]

（3）加强指挥中心管理

升级完善应急指挥中心及下属省、市、县、基层组织等各层级的软硬件系统，整合各级各部门重要信息、相关数据，解决"信息孤岛"问题。根据应急指挥的需要，设立综合协调、监测、救援、物资保障、宣传、督导、社会稳定等职位，由各主要相关部门参与值班，做到"全程监测、及时决策、迅速应对"。依据指挥中心管理，使参与指挥工作人员定时进行岗前培训、考试考核，有效将平时联合演练与战时联合指挥统一起来，并设置专项小组负责常态开展指挥演练、方案论证和实际情况处置等演练活动，规范监测预警、情报分析、报告建议、应对处置等工作流程。统筹联动的应急指挥是我国制度优势的体现，加强指挥中心建设、专业人员培训，实现调度指挥系统的高效化。

**2. 健全集中高效的调度协调机制**

应急管理部门需要不断提高应急响应能力，加强协调调度，及时妥善处置各类突发事件，有效预防和减轻各类突发事件造成的损失。应急管理中的调度协调机制对整个应急管理工作起到了宏观把控和统筹协调的作用，通过对各部门职责权限的明确，对平台的建设，达到统一把控、统一协调、有序应急的目的。

---

① 张建. 应急管理新思维——基于疫情的多维度思考［M］. 四川大学出版社，2020.

（1）明晰职责权限分工

突发重大公共卫生事件涉及类型多样、情况复杂，应对时需做到上级统筹指挥、各组织部门综合协调，明确各组织部门主要责任、核心任务，提高应急组织效能。在突发公共卫生事件应对过程中，涉及政府部门、企事业单位、社会组织、基层自治组织、公众个体等多主体参与时，要形成集中高效的调度协调机制，必须加强综合协调能力建设，组织整合各类资源，最终形成各组织协同、全社会参与的工作格局，如图5－4所示。突发事件类型多样，每一大类的突发事件，应由相应的部门实行管理，按各自职责开展处置工作。分类负责明确各级政府及组成部门在应对突发公共卫生事件中的责任。对于在突发公共卫生事件应对中发生的问题、造成的损失，应追究涉事部门责任。

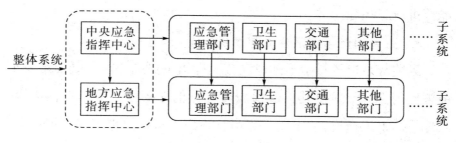

图5－4 各部门协调调度

（2）综合协调通讯平台

协调通讯平台是一个全流程的综合系统，涵盖信息采集、评估决策、通信、调度等功能。信息采集通过资料和技术监测数据，实时掌握突发公共卫生事件的发展态势和各区域的实际情况。评估决策以视频会议系统和网络技术为基础，集中专业知识技能和各部门思考建议，共同参与到评估、决策工作中。完善多层次、多元化的通信方式，包括有线通信、无线通信、计算机通信等，根据事发地现场情况，配置有关力量进行协调调度。用好移动终端设备，通过"线上"方式，有向有序发布疫情最新动态、疫情防控宣传资料及进行信息引导等，有效保障常态化疫情防控的统筹调度。

（3）强化调度应急演习

基于理论层面健全调度协调机制，并积极实践强化调度应急演习，切实提高应急调度实操性、有效性。通过应急演习实战化、危机应对日常化，锻炼队伍、完善机制，科学提高应急调度能力。调度应急演习应该尽可能还原事件的全过程，充分考虑真实性，将目标导向转化为问题导向，实现应急演习的常态化。指挥调度中心应进行目标分解，提高应急演习频率，提升调度工作者的现场指挥和处置能力，并依据演习情况，对部门人员配备、设备情况、调度技能等进行跟踪和改进。

**3. 完善问责与容错合力并举机制**

当前复杂形势对于干部建设方面提出了更高要求，既要激发干部责任的实现，强化其勇敢担当履职，也需要各级干部心存戒畏，习近平总书记指出："不能只想当官不想干事，只想揽权不想担责，只想出彩不想出力。"应该旗帜鲜明地为敢于担当、善于担当的干部撑腰鼓劲，建立健全干部容错纠错机制，营造良好的干事创业氛围。

（1）科学甄别容错情形

面对突发事件等紧急情况，处于防控一线的干部，决策时间短、影响大，面对的情况复杂，因此难免出现一些决策失误。应坚决贯彻落实《关于进一步激励广大干部新时代新担当新作为的意见》精神，坚持"三个区分开来"，对改革创新、破解难题、先行先试等方面，主观上出于公心，担当尽责，符合决策程序，没有利益交换，客观上由于不可抗力、难以预见等因素，未达到预期效果、造成不良影响和损失的失误、过错或无意过失，经认定予以免除相关责任或作出从轻、减轻处理。

（2）合理制定试错标准

为把握发展规律，提升干部能力素质，促使应急管理工作的长效运行，鼓励干部创新促发展、监督干部履职求稳定。容错机制为鼓励干部勇敢担当、大胆干事和勇于创新的精神，但绝不能作为免责的"保护牌"，不能被滥用。因此，要合理制定关于试错的标准机制，坚持担责惩过的原则，确保试错的精准化和规范化。一方面准确把握纠错范围，其基本原则体现为必须坚持对党忠诚、严挺党纪、尊重政策法规、坚守道德红线，以此作为标准进行试错，确保容错的合理性。另一方面合理设置纠错认定程序，把握干部履职尽责，严格申请、调查、认定、报告、备案等程序，综合考虑疫情常态化下问题出现的相关背景、动机及造成后果等相关因素，明确建立允许试错的机制和办法。

（3）强化问责震慑效果

干部监督应遵循敢于监督、勇于监督、善于监督的主要原则，增强制度的严肃性，切实提升问责效果。一方面，坚持实事求是的原则。责罚同行，让有过必惩、失责必问、问责必究成为常态，将其作为干部队伍建设的重要标准，监督部门要加大监督力度，保障监督的公开透明，并自觉接受来自各方主体的共同监督，进一步完善监督防控机制，强化对重点领域、重要岗位人员监督。同时结合管人管事原则，实现严肃追责、精准问责，确保达到"问责一人、警醒百人"的效果，让监督问责真正落到实处。另一方面，健全问责保障机制。对于被问责干部，应坚持惩前毖后、治病救人的原则合理调用，实现问责机制的蓄力护航，让问责成为推动干部队伍建设的工具，充分发挥问责震慑的正外部效应。健全问责相关保障机制，在一定程度上可以保障干部队伍建设的可持续性，随时跟踪了解思想现状，对于不良的思想苗头能及时发现并进行教育与纠正。

**4. 优化前端硬核的技术支撑机制**

加强和创新应急体系建设的科技支撑，是构建中国特色应急管理体系的迫切需要。在新形势下应急管理工作要围绕事前、事中、事后等阶段，必须依赖科技支撑贯穿于应急管理全过程，体现在事前应急预防、事发应急预警、事中应急响应和事后恢复重建实际工作中。

（1）创新应急管理技术融合

信息化、智能化时代的到来是发展的机遇也是挑战，硬核高效的科技支撑对建立防灾减灾救灾的人民防线至关重要，也是适应疫情防控新常态的重要体现。促进事前、事发、事中、事后全过程各个阶段实现技术融合，通过事前预防预警的集信息、织密网等措施加强技术融合，促进应急管理工作运行的及时性和有效性；事发时建设应急网络综合指挥平台，保证疫情时期对通讯、感知、视频等提供基础支撑，同时强化大数据平台、云服务、应急专项数据管理等应用支撑；事后的应急救援、风险评估监测等方面均体现技术的支撑作用。

（2）打造应急综合可视网络

基于当前科技发展现状和应急管理环境，须尽快将集现代科技于一体的通讯、感知网络等贯穿应急管理工作的全过程，全面形成应急管理信息化体系。通过开展专题空间数据管理、应急专题数据可视化分析，多层次运用数据查询、数据计算，满足应急管理工作多层级、多用户、多主体、多场景的复杂需求，全面提升应急管理工作智能化、现代化水平。同时实现疫情数据汇聚融合，打通信息资源跨地区跨部门的共享连接，打造综合的可视化系统，制作疫情态势图谱，高效把握应急管理工作的方向。

（3）加快应急科技体系创新

党的十九届四中全会提出，完善科技创新体制机制，从理论层面给予应急管理体制机制改革的新方向，加强对应急管理领域科技创新是适应新常态的重要体现。围绕公共卫生突发事件全过程，对应急过程中一些支撑软件的快速迭代和复用共享等进行评估，重视科技创新中应急研发成果的前瞻性与时效性，保证科技创新在实践应用中的可行性。同时在应急管理社会协同应对能力建设中注重运用技术创新手段，以信息沟通、资源共享实现跨部门、跨地区的协同网络体系建设，充分体现科技创新在优化应急管理体系中的支撑作用。

**5. 构建快速有力的实施反馈机制**

实施反馈是指将方案实施过程中的实时情况和方案实施结果等信息及时、迅速地反馈给决策系统的过程。反馈阶段的任务在于通过反馈信息使决策系统能针对出现的矛盾、问题，尽快对原决策方案进行相应调节和修正。建立快速有力的实施反馈机制有助于动态把握方案的实施情况，及时做出调整。

（1）拓展多元化信息反馈通道

将执行者与反馈者角色分离，由第三方进行信息反馈。第三方可以是个体群众、基层组织等，以保证反馈主体的多元化、全面化。多通道反馈信息扩宽了信息获取面，决策者能够通过广泛的信息反馈做出正确决策。反馈者与执行者的分离从体制上杜绝了弄虚作假问题的出现，信息失真小，进而能为决策者提供真实可靠的信息。常态化疫情防控下，将自上而下的信息通达与自下而上的信息反馈相结合，基于信息化平台，拓展各主体参与通道，开设线上疫情信息专栏、增设热线电话等扩展网络信息反馈渠道，打通线下信息反馈障碍，各基层部门定时组织专业人员入户获取信息，切实打通服务群众"最后一公里"，助力疫情防控工作。

（2）重视标准化反馈程序实施

重视信息反馈，严格按照"执行→反馈→修正"程序实施。反馈阶段在整个决策过程中是极为重要的一环，是检验决策是否正确的重要手段。有了反馈就能使决策与环境统一在一个大的系统工程中，通过"执行→反馈→修正"不断循环往复，既可深化决策中枢对决策成效的认识，又能使决策方案始终保持可靠性与正确性。疫情防控各阶段中，加强对信息反馈的标准化建设，科学规范疫情期间各网络渠道反馈程序设置，通过关键信息进行识别整理，对重大事项、关键信息反馈优先处理，并不断修正和完善，制定疫情防控指南，引导基层防控人员有效落实疫情防控决策部署，保障决策执行取得实效。

（3）落实专项化反馈追踪管理

实施反馈机制应该是一个闭环的全过程管理，指通过沟通的方式，将应急管理评估所发现的问题及时反馈给有关部门的过程。其目的在于让管理决策层对反馈的问题，认真总结分析并找出的症结所在，对症下药解决问题。设置专项信息反馈处理小组，其人员构成也应具有专业性，要做到主动跟踪了解实施情况，并针对不同类型的问题，采取不同的措施进行解决。方案实施过程和实施结果的有效反馈，有助于管理层级根据反馈结果实时地调整方案、优化方案，便于总结规律，为下一步工作创造良好的先行条件。

### （三）管控力量下沉的集约有效化

习近平总书记研究部署疫情防控工作时强调："社区是疫情联防联控的第一线，也是外防输入、内防扩散的最有效防线。"[①] 筑牢疫情防控战线，必须充分发挥社区的阵地作用，进一步推动管控力量下沉社区一线，落细落实各项措施，织密基层"防护网"、严把安全"防护关"。通过建好落实机制、加强队伍建设、利用社群监督，形成基层管控的完备体系，促进基层管控的集约化、有效化。

#### 1. 构建抓实抓细的一线落实机制

基层社会治理作为国家治理体系重要方面，是疫情防控的第一道防线。基层应急能力建设是做好防灾减灾救灾工作、推进应急管理体系和能力现代化的前提，在疫情防控工作中，基层防控起到了有力的保障作用。随着疫情防控工作趋于常态化，构建基层把控机制有利于提高我国应急管理水平，给群众带来实实在在的安全感，如图5-5所示。

---

① 王成国. 守好社区疫情联防联控第一线 ［J］. 中国党政干部论坛，2020（05）：26-30.

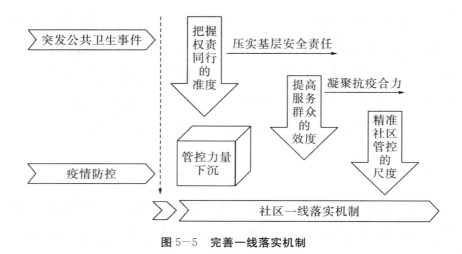

**图 5-5　完善一线落实机制**

（1）把握权责同行的准度

应急管理力量下沉需要匹配相应的权力，适当授权有助于基层采取适应性措施，进而提升治理效能。常态化疫情防控应降低基层决策管理的参与门槛，使基层管理有更大的主动性，能在最短的时间内最大程度提高基层多元主体抵御风险的能力。同时要完善相应的问责机制，落实责任部门、个体，压实基层安全责任，并加强对基层工作人员的岗位培训，提升基层干部履职能力。加强检查力度，严格按照规范化流程进行卡点检测，完善疫情防控责任体系，把好疫情防控前线关口。

（2）提高服务群众的效度

应急管理部印发《关于应急管理部改进作风服务基层若干措施的通知》提到，基层人员要苦练内功，坚持走群众路线，化解基层问题，提高群众满意度。要摆正位置，努力增强基层服务意识，转变工作作风，提高工作效率，提升服务群众的质量。敢于担当是全力以赴打好疫情防控"主动战"的基础，疫情一线态度端正、行动迅速、推进有力是"安抚"群众的关键。常态化疫情防控下，更需要基层干部，及时掌握疫情、采取行动，把群众的安危放在心上，有效组织群众、引导群众、服务群众、维护群众权益，凝聚防疫抗疫合力。

（3）精准社区管控的尺度

疫情期间，基层社区的把控需要因地制宜，根据社区情况不同采取不同的防控措施。社区的防控工作不仅要严格，更要科学精准。在常态化的疫情防控中，社区防控工作既要把握好尺度，又要体现温度，在落实各种防控措施、做好防控工作的同时，要尽可能避免对居民日常生活造成太大影响。一方面，严格的社区防控措施可以做到有效把控，重视社区卡点检测、人员流动登记相关工作，定时向社区居民发放预防宣传手册、开展预防知识讲座等相关活动，严格落实社区一线疫情防控工作。另一方面，防控措施的科学精准体现社区防控的温度，尽可能减少对居民生活的影响。尊重居民，向其解释问题的严重性及疫情防控的必要性，取得居民认同和配合，让每一位社区居民都能参与到疫情防控工作中来。

**2. 健全专常兼备的队伍建设机制**

基层队伍是直接接触人民群众的队伍，加强队伍建设，是形势发展的需要，是常态化疫情防控的需要，有利于培养勇于担当的高素质、专业化的基层队伍，进一步夯实基层力量，做好基层防控工作。

（1）重视基层应急队伍组建

紧抓基层组织建设，夯实基层战斗堡垒，组建基层应急队伍应培养队伍勇于担责、尽心尽责的意识并落实到日常工作中。基层应急队伍的组建要注重政治标准，在危急关头、重要节点、急难险重任务面前考察队伍的忠诚和担当，充分发挥党员、预备役、安保人员、基层民警等具有相关专业知识和经验群体的作用，加快街道、乡镇等综合性应急救援队伍建设。同时，要把业务能力作为队伍建设的关键，一支队伍的业务能力是应对突发公共卫生事件时最核心的能力和最重要的支撑。依托现有医疗卫生机构，配备必要的医疗救治设备，组建专业应急队伍，并加强群众的基本公共卫生培训，将应急队伍建设纳入常态化疫情防控工作中。

（2）开展基层应急骨干培训

推进基层发展，离不开人才作用的发挥，紧抓基层人才队伍建设，是应急管理新常态下应对疫情的基本举措，更是新时代的新要求。对于基层队伍中的骨干力量，内部要加强培训，针对不同部门、层级、领域开展思想政治建设和专职能力培训，根据个人阅历、能力不同，遵循量才用人、扬长避短的原则，培养专才和通才。加强各部门各层级之间骨干力量的轮岗交流，充分调动人员积极性，增强队伍的生机和活力。加强城市医疗卫生机构与街道、乡镇医疗机构对口协作关系，建立常态化培训交流机制，定期进行技术培训和实战演练，提高队伍应急能力。

（3）加强基层应急队伍建设经费保障

应急经费对培养基层骨干队伍有着重要的保障作用。可以按照人员培训的规模、类别设立基层队伍建设专项资金，建立刚性标准。同时，加强申请队伍建设专项资金的审批流程规范化、法制化，做到合理申请、规范批准，建设分配合理、运行公开、保障有力的基层应急队伍建设经费保障制度。

**3. 完善精准发力的疾病防控机制**

公共卫生事件的应急准备要体现持续性和灵活性，基层常态化的疾控体系建设应加强疾病预防宣传、加强与上级医疗机构的医疗对接，构建系统的防控救治平台，切实提高基层疾病防控能力。

（1）立体化疾病预防宣传

及时准确的疾控宣传是发布公共卫生信息的有效手段，能促进健康知识的传播，引导大众掌握有效的疾病防范措施，进一步促进我国卫生事业发展。基层疾病预防宣传工作，应通过专业医护人员的培训、实际演练、对以往事件的报道等切实增强社区居民防护意识、提高预防水平。开展立体化、科学化的卫生宣传，能为疾病预防宣传工作创立良好的舆论环境、社会环境，保证群众知情权，并引导群众正确、有效应对突发公共卫生事件，提高疾病预防工作质量。

（2）精准化医疗需求对接

医疗机构是公共卫生事件防控的主力军和"前哨点"，传染病检测是其职责，基层防控工作应得到公共医疗机构的配合。医疗机构承担病例救治责任，其人力资源、设备等医疗资源往往专业完备，医疗机构与基层防控机构的有效对接、信息共享，能有效提高基层社区防控的专业性。建立长效的动力机制，深化基层医疗机构改革，引导优质资源下沉社区，重视加强全科医生的培养，切实推进基层医疗服务水平。对于公共卫生相关事件，落实医疗机构责任体系，强化疾控预防责任担当，确保防控救治工作有效开展。

（3）系统化防治平台构建

防控救治平台是应对突发公共卫生事件的业务基础，在防控救治过程中实现救治过程管理、救治信息收集、应急物资统筹等多方面功能，起着承上启下的作用。现阶段，部分地区基层医疗设备落后、服务不规范等使得防控救治存在短板。加快推进基层诊所、社区卫生服务中心的转型提升，进一步加强基层诊所、机构、疾控等部门协同配合，使其可以实现集必备的检查、诊断、初步处理等功能为一体的系统化操作。同时，依托信息化建设，强化"平战结合"思维，持续推进网络问诊、远程问诊等走入群众生活，强化基层卫生服务能力，加快推进基层医疗均衡化发展。

**4. 优化协同动态的社群监督机制**

信息化网络预警、多层次监测哨点、多元化监督参与，均有利于快速及时的开展预防。基层社区的疫情监督往往容易被忽略，基层社区防控作为疫情防控的有力保障，构建社群监督机制有利于做好疫情防控的"后卫"工作。

（1）依托信息化网络预警

我国现阶段已建立科学的预警机制，是疫情前期防控取得良好成效的有力助手。危机事件诱发因素具有复杂性和不可预测性，应急管理体制机制必须做出相应的改变，利用信息技术和手段逐步创新预警机制，形成信息化网络监测中心，动态更新监测软件、完善监测路径。同时，依靠网络实现区域统筹，打通疾控、救治、疫苗研发等各流程，实现防控临时站点与医疗机构、疾控机构之间的信息快速传达。加强空港、码头、陆地边境等重点地区平台建设，立足防疫、战"疫"需要，在外防输入和内防反弹的新形势下，通过信息化网络预警，补短板、堵漏洞、强弱项健全公共卫生体系，以适应防控新常态。

（2）建立多层次监测哨点

建立多点触发机制，设立完善的监测哨点，需安排专业健康管理人员进行监测，对于多类型并发、反常症状表现等做出敏感性监测，并保证长期性和有效性。多层次的监测哨点是有效抑制疫情传播的主要途径，完善健康通行码政策标准、实现"一码通行"，优化防疫健康服务，对于单个范围已经出现的反常健康信息进行及时把控和治疗，阻断传播途径，争取救治时间。在新常态管理下，要时刻保持对于危机的敏感性，确保早期监测的及时性和有效性。建立"互联网＋医疗"健康模式、强化数据整合，促使健康通行码标准化，探索"疫苗证书"与分类健康管理关联化。

（3）提升多元化监督效力

有效的监督可以提升基层工作效力，有效的监督要做到政治监督、社会监督、法律监督相结合，通过多渠道开展，确保真实性、全面性、实时性。在常态化防控中要做好监督，各相关主体立足责任定位，形成各类监督协同衔接、良好互动。开通社会监督、群众监督通道，确保监督意见可以畅通快速的反馈至有关部门，切实强化多元监督效力。同时，对于反馈至有关部门的监督意见要有所回应，分类整理、逐类解决，对于问题难点、焦点要重点整理、报备，无法解决的问题要进行协商讨论形成意见汇总。最终通过设立专职负责岗位、出台监督相关条例规定等措施，形成回应迅速、解决高效的多元监督体系，促进各项政策全面落实。

（四）设施物资保障的配置合理化

应急物资保障是国家应急管理体系建设的重要组成部分。突发公共卫生事件存在复杂性，应急资源配置一直是应急管理领域的重难点所在，物资保障配置的合理化是现代应急管理工作的重中之重。基于物资保障的完善和可持续，以资源整合为基础、高效调度为动力、精准装备为支撑、平战结合为常态，着眼于区域强劲韧性、灵活的适应力和严密的组织能力，构建"平战结合、刚弹相济"的应急设施和资源供应调配体系。

### 1. 优化合理统筹的资源整合机制

合理统筹的资源整合机制是健全防治结合、联防联控、群防群治的基础保证，应急管理新常态下对于资源整合提出更高的要求。现阶段，各种自然灾害频繁发生，紧急医疗救援、紧急救灾物资及救灾资金等是应急管理的主要内容。但一直以来，应急救援组织的运作相对独立，其管理也较为分散，缺乏整合机制的统筹和协调，影响了应急管理工作的开展，因而建立合理统筹的资源整合机制显得尤为迫切。

（1）规划应急冗余空间布局

卫生资源配置应兼顾前瞻性和应急性。基于城市韧性建设要求，在城市正常规划设计上体现应急管理冗余空间的留存，以保证应急过程中人力、物力、财力等资源的储备。基于预案的完备性，将应急专业机构的建设纳入城市空间规划的编制，以储备足够的土地空间统筹布局医疗机构及配套设施，实行"长建"和"临建"相结合，为扩容增能"留白"。基于资源区划的考虑，对整个城市工业基础能力进行调查和分类统计、编制相关产业供应链图谱，以便从全局性考虑应急物资区域划分的协调性。同时，对公共卫生中心、临床医疗中心、传染病医疗机构的规划布局和空间预留进行摸排，对功能实时进行扩充，促使设施物资保障的合理化。

（2）引导应急物资多元筹措

卫生资源配置应兼顾长效性和及时性。物资筹措是健全物资应急管理的重要基础，物资保障是有效应对突发公共卫生事件的前提，应遵循统筹联动原则，通过各种渠道，尽可能购进各种防疫物资，凝聚力量共度危机。采购渠道要依托国家统一的应急物资采购供应体系，对公共卫生应急物资集中专项管理，实行统一配送。同时需健全国家物资储备体系，对应急物资进行科学调整和分类，依据其规模、结构、属性等实行分散性管理储备，以备关键时刻及时调用。公共卫生事件涉及范围广、物资使用量大，在最短时间内筹集物资，并保证合理配置是应对危机的重要环节。多渠道筹措是应急管理现代化物资保障主要模式，一方面要主动联系企业，保证应急所需相关物资有效供给，发挥市场配置资源作用，完善捐赠物资接收渠道，确保物资合理配置。另一方面，增强社会动员，积极引导社会力量捐赠，对于有能力的社会团体、慈善组织等鼓励发挥强大的社会聚合力，通过购买和捐赠等途径筹集物资。同时，利用外部援助资源，广泛筹集应急物资，实现各部门各地区协调筹集调配，保障物资全区域供给，实现有效应急，促使应急管理物资配置合理化，如图5-6所示。

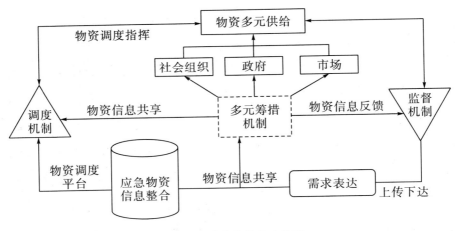

图 5-5　应急物资供应体系

（3）提升物资生产转产能力

卫生资源配置应兼顾持续性和灵活性。工业体系是应急保障的基石，应发挥我国工业体系健全优势，提升我国应急物资保障能力。首先，优化应急物资产能保障和区域布局。在灾害频发地可达范围内强化对安全应急产业示范园区和基地的建设，实现救援物资的区域协调配置。同时，加强对应急物资生产转产能力保障，坚持柔性原则、确保供应的可持续性，在灾害风险期要通过敏捷生产体现刚性需求、保证物资供应充足。其次，加强物资生产技术攻关和技术储备。加强对突发公共卫生事件相关专业性医疗物资技术利用，建立应急物资生产企业联系制度，明确可转产企业，破解可转产物资的研发难题，积极鼓励企业进行技术攻关，实现医疗物资生产转产新突破。最后，强化动态调整，确保增产供应。突发公共卫生事件的发生具有即时性，危机的瞬间爆发，物资供应会出现短缺情况，要求应急物资生产企业必须转产扩能，全力做好与时间和病毒赛跑的准备。基于物资配置的可持续，以技术攻关实现迅速投产、联动保障整合生产、动态调整确保上产扩能，有效推动应急物资配置合理性。强化应急保障能力储备，将救援保障物资、区域协调、产能储备等与社会化治理空间运作相结合，打通聚合、筹措、分管、高产等全生命周期社会化运作流程，为救援保障提供全面支撑。

**2. 构建高效统一的物资调度机制**

"系统施治、精准施策"，均源于合理的指挥调度体系设计。高效的指挥调度，是一项系统化、长效化的工作任务。突发公共卫生事件具有紧急性和破坏性，是同时间赛跑的过程，要求最短时间内实现应急物资在灾区全范围内的公平调度，实现应急物资使用效用最大化。此次疫情的爆发也暴露出应急物资调度机制存在的短板，依靠系统、高效、经济、合理的应急物资调度机制完善应急物资的保障体系是常态化应急防控下的迫切需求。

（1）强化物资储备

现阶段应急管理的方向是"大应急、全灾种、综合性"，对应急物资保障提出了更高要求，为适应新的应急管理方向，必须切实提升应急物资储备效能。首先，应急物资必须达到"量"。通过加强应急物资生产转产能力，合理扩大储备规模，并依据其功能及配套进行分类储备，加强对药品、医疗器材、医疗器具及医用防护用品的储备结构优化，以灵活调整在不同节点进行及时的物资调度。其次，应急物资必须保证"质"。通过强化专业性检测对应急物资质量的把控，以确保物资使用的效率。同时加强对应急物资技术的储备，注重对公共卫生应急物资生产专业产业链条及专用监测机构等的规划和建设，加强对应急物资储备管理的顶层设计，统筹市区范围内应急物资储备合理布局，以确保应急物资储备的长效性。再次，优化医疗救助机构资源合理配置。对区域内各等级医疗机构物资进行统计，并做出统筹安排，限制定量的物资留存以应对突发公共卫生事件，并对基层医疗机构进行整改和升级，提升物资保障能力。

（2）及时统筹调度

物资调度是物资保障的主要构成，是应急管理工作的重中之重。一方面，应急物资调度应兼顾"保重点"和"保基本"。建立医疗救助机构紧缺物资的大区域和跨区域统一管控调度制度，对医疗物资安排要突出重点保障、以储定用，按照优先保障一线医护人员必需，优先保障公安、交通、网格化排查等基层应急人员必需，优先保障公共场所服务窗口人员必需，梯次安排、高效分配。另一方面，物资调度应兼顾体系化和信息化。在物资保障体系中，应加强应对重大公共卫生事件的应急医护物资战略储备库建设，发挥应急专用物资市场"压舱石"作用。同时加强物流保障能力建设，统筹组织指导交通运输企业做好重点物资运输工作，坚决保障应急运输专用通道的畅通，以保障物资调度的及时性。

（3）跟踪调配管理

应急救援是一项长期性、艰巨性的工作，突发公共卫生事件具有阶段性，不同的时间节点、响应等级需要不同的应急物资做支撑，必须跟随应急动态进行跟踪调配调度。在预防阶段加强对医护预防用品等的统筹调配，以发挥基础物资保障能力。在救治阶段应加强对应急装备物资及救治器材、工具等物资的调配和使用，以动态跟踪强化调配管理。同时加强应急物资调配的技术攻关，全面建立应急物资指挥调度平台、依托大数据技术构建统一的医用物资调度平台和物流供应链体系，实时发布各区域各层级医疗资源情况、物资捐赠情况、物资调度使用情况、物流配送情况等，通过动态跟踪了解资源配置情况，促使各类防控资源的高效调度和匹配。

**3. 建立精准对接的装备配备机制**

科技支撑能力对应急救援效率有着不可忽视的积极影响，先进可靠的应急装备作为科技支撑的重要载体，在应急管理不同节点发挥着不可替代的作用。纵观全球都十分重视应急装备体系建设，如根据预防、保护、减灾、响应和恢复 5 个任务阶段，构建强制性应急装备授权目录（AEL）和标准化装备目录（SEL），对应急装备成体系发挥了很大的促进和提升作用。我国高度重视应急装备研发配备工作，在研发生产、储备配备、演练培训等工作中取得了长足进步，但进一步补足短板适应应急管理现代化建设，有效应对突发事件，仍必须由权威部门牵头，形成通专结合、系统配套、功能聚焦、精准对接的技术装备系列。

（1）加强应急装备专业化

"工欲善其事，必先利其器"，为适应应急管理新常态，必须加强专业化应急管理装备体制机制建设，切实提升应急管理物资合理配置的效能。应急装备涵盖范围广，无明确的平急转换边界，必须以需求为牵引，突出专业性。应急救援装备包含种类多、覆盖范围广、适用差异性大，一般可分为通用设备和专用设备。突发公共卫生事件应急管理具有较强的医救属性，必须加强对医护装备重点需求、核心能力和医用防护专用装备的建设，对危化品救援装备集中生产、集中管理、集中配送，确保突发公共卫生事件应急救援的专业化程度。同时，应急装备作为应急物资配备重要组成部分，必须适应应急管理现代化要求，按照预警态势动态调整日常性救援装备和应急性救援装备储备比例，实现救援与保障功能配套。

（2）加速应急装备智能化

先进的应急装备是有效实施应急准备、高效实现应急救援的基础保障。当前科技创新快速发展，公共安全科技创新是国家重大的战略需求，以科技创新推动应急管理装备现代化成为推进应急管理体制机制创新的重要基础。常态化的应急管理必须推动应急管理机构与科研院所、生产企业、生物技术等方面的加速融合，以促进应急管理向数字化、网络化、智能化、绿色化发展的巨大转变。加强对应急装备标准体系的设计、产品检验认证等的完善，有效提升应急装备生产、储备、运送、使用等效用水平。同时，通过不断加大公共卫生科技研发投入，加快研发成果在装备生产中的成果转化。并积极依托应急管理机构与相关企事业单位合作，加快实现应急装备技术创新，推动应急装备产业化发展，着力打造应急装备高端制造集聚区，提升应急装备智能化与信息化水平。综合运用大数据、物联网等信息化手段，加强对应急装备储备的管理，以保证平时储备、战时应急的良好储备状态。结合智能化识别、信息定位及监控跟踪等实现跨部门、跨区域协调运用的通用性、有效性。

（3）推进应急装备体系化

站在应急管理创新发展的新历史节点中，全要素、多领域、高效益的应急装备配备成为新要求。现阶段，我国应急管理装备体系已初步形成，自《国家中长期科学和技术发展规划纲要（2006－2020年)》实施以来，一系列相关政策力促装备配备的发展创新。

应急管理现代化要求应急装备成体系建设，在新形势下需坚持标准引领、规范发展，按照标准化、通用化、组合化、模块化的思路进行全链条设计，实现装备体系的动态更新和"代际"发展的良性循环。一方面，应急管理装备必须着眼应急管理工作全过程，结合常态化应急管理需求，使应急管理装备建设向预防和处置两个方向协调发展，主动提高应急装备信息化、智能化水平，促使其与超前预防、动态保障相结合。另一方面，基于我国国情，建立适合我国特色的应急装备体系，加强应急装备的专业化水平提升和通用化标准建设，向科技创新技术融合发展，依托产学研促进应急管理装备配套设施建设，有效推进应急装备体系化，为应急管理工作做好坚实的装备保障。

**4. 健全抓重补短的平战结合机制**

所谓平战结合，是指在危机突发的"战时"情况下做出快速反应，及时响应并进行应急救援，又要考虑"平时"的应急准备及协调布局，进而推动公共卫生和预防控制体系改革与发展。此次疫情的发生为应对突发公共卫生事件提供了实践经验，将平时物资柔性管理及战时物资刚性支援，贯穿于整个应急管理全过程。就物资供给进行强链、补链、并链，加强应急物资供应链的韧性建设，从而更好地提升应急管理工作的效能。

（1）平时物资柔性管理

灾害事件的频发，对当前城市建设和社会治理等各方面均提出较大的挑战，在此背景下，韧性城市规划作为新的建设理念被人们所熟知。应急管理将以安全韧性理念为支撑，实现常态化与非常态应急相统一，提高城市管理的抗冲击能力，坚持以"防"为主，防救相结合。基于"防"的基础，必须加快补齐医疗防治硬件短板，加大对公共卫生设施的建设，合理布局建设医疗机构，加强突发公共卫生事件应急管理配套设施建设，以提升危机应对能力。同时强化医疗防控物资储备的弱项，强化平时物资储备结构、规模、品类等各方面的合理配置，以灵活高效的收储调拨体系助推物资调配能力实现新跃升。常态化应急管理物资实行专项管理，对于公共卫生资源将坚持集中生产、统一调配，健全应急管理物资保障体系，加强平时物资配置运用的效率，强化危机应对效能，如图5—7所示。

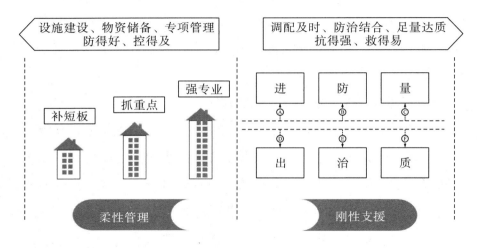

**图5—7 应急物资平战结合**

（2）战时应急刚性支援

公共卫生事件发生时，在物资调配全面统筹方面将重点关注物资"进出"问题。关于"进"，必须考虑物资从哪里来的相关问题，需结合城市韧性要求，规划布局应急物资的检测和专用物流通道，以确保战时应急物资"进得易"，进而有效提升危机应对效力。关于"出"，必须对物资分配效率和公平进行全面考量，危机爆发范围广，物资配置需结合应急态势及区域划分等多方面因素系统考虑。坚决防止疫情防控过程中出现捐赠物资因分配效率不高、没有充分考虑公平等出现物资难以快速到达战"疫"一线的问题，切实提升应急管理物资保障能力。基于"治"的效力，必须加快完善物资调配体系，以尽可能实现战时"速运"，保证物资救援的及时性和准确性。同时加强完善物资储备体系，对于专项应急物资和设施配备将从"量"和"质"两方面综合把握，突出战时救治能力，以应急物资优化配置作为战时救援的刚性支撑，实现"抗得强、救得易"。

（3）增强供应链韧性

当前疫情防控新常态下，应站在全局战略高度对供应链进行新的规划布局。应急物资供应链指应急物资供给的全流程，实现供应链的并联、韧性建设已成为新的趋势。韧性建设的要求是在接受外部冲击后不损坏、不破裂，并在此基础上谋求延续和发展，要求供应链建设应坚持长期性、灵活性策略。应急管理的现代化要求危机爆发时应急物资的"保供"，以保障物资及时有效供给，实现应急管理高效运行。通过优化应急物资产能保障，确保关键时刻调得出、用得上；建立集中统一物资调度体系，确保危急时送得出、赶得到；完善采储结合的应急物资保障能力，确保应对时有数量、保质量。供应链韧性建设要求应急物资供应成体系，推动行业企业、行业组织、研发机构及供应链管理企业共同参与搭建城市供应链平台，加快促进采储结合、集中管理、统一调拨的应急物资保障体系，以加强应急物资的韧性保障。物资供应链具有不同趋向，平时通过构建应急物资供应联盟保证供给的稳定性，战时通过细分需求，关注物资需求的动态变化、有的放矢，满足不同应急情况下的物资保供。

### （五）社会情绪引导的正能量化

常态化疫情防控条件下，应全面做好"稳人心、保安全、促发展"工作，利用信息发布、信息筛查及后续情绪安抚等方面加强社会情绪引导。

#### 1. 健全客观可靠的信息发布机制

信息发布一直以来是应急管理工作的重要环节，贯穿于整个应急管理工作中，科学有效的信息传递能让公众及时准确获取信息，了解事情真相，一定程度上提高了对应急工作的主动权。因此，一个客观可靠的信息发布机制在突发公共卫生事件的应对中必不可少。以机制创新确保信息发布的及时性和持续性、发布内容的全面性和精细性、发布标准的规范性和完整性、发布形式的易得性和可持续性，以信息供需平衡实现信息发布的闭环。

（1）完善信息公开

危机事件的发生，直接冲击着广大社会公众的安全感，同时伴生的各种错误信息对社会公众的"第一认知"影响极大。如果没有准确及时全面的权威信息发布、科学有效的权威声音达效途径、虚假信息和有害信息的精准甄别等，将严重影响对突发事件的有效处置，因而必须建立客观可靠的信息发布机制。通过完善相关法律法规政策，促使应急过程中公共部门与大众媒体的良性互动，使信息公开有法可依，寻求信息公开的规范化和法制化，切实加强政府、社会和公众之间的联系，提升应急管理实践效能。

（2）精准信息甄别

精准信息甄别，要求政府、社会及公众间的信息渠道畅通，避免造成信息孤岛，因信息不对称而引起社会动荡、公众恐慌。首先，确保危机信息公布及时。通过对危机事件的全程信息化监测和统计，从即时监测走向动态预警和智能决策的协调，提高应急管理决策的前瞻性和精准性。其次，提高安全风险化解能力。通过顶层设计，将信息甄别作为应急处置预案编制内容，完善激励约束措施。最后，提升信息甄别能力。对应急管理过程中出现的信息进行收集并分类处理。对于准确的信息，及时由权威部门在最短时间内发布，避免以小道消息的形式从其他途径出现；对于不准确的信息，进行信息甄别监测，真实准确信息依托权威机构进行发布，对于完全错误的信息，及时纠正，以避免造成社会恐慌。

（3）强化信息挖掘

危急时刻对信息的挖掘和利用，能在一定程度上提高应急管理效率。信息的有效性必须保证信息发布的谨慎、适度和有用。一方面，要完善信息收集系统。通过优化信息收集系统，拓宽信息收集渠道，组建反应灵敏的信息收集队伍，实现应急信息自主申报及通行认证平台全覆盖，并建立系统考核和不定时抽查制度，以确保信息收集的广泛性和真实性。另一方面，丰富现代信息收集手段。依托智慧应用场景，构建以智慧基础设施互联互通、智慧算法驱动、智慧大脑运营为支撑的智慧社会系统，运用大数据深入研究分析人口流动和传染病传播规律，全方位预警监测传播对象及传播方向，以信息技术实现应急管理工作的前瞻性。

**2. 完善多点融合的信息筛查机制**

疫情等重大突发公共卫生事件不仅给人类世界造成巨大影响，

也给信息空间世界带来巨大的冲击。多点融合的信息筛查机制可有效缓解人员采集信息压力、降低人群汇聚感染风险、提高疫情防控工作效率，为疫情防控取得良好成效提供基础保障。在疫情新常态下，为应对多层级、多主体、多用户及多场景等复杂状况，必须完善多点融合的信息筛查机制，以全方面、立体化支撑信息数据筛查的可靠性、及时性与有效性。

（1）提供专项性筛查服务

对于公共卫生突发事件，医疗领域的介入必不可少，以"防"入手，强化源头治理和控制，通过大数据中心，对各地区做出具体分析，并进行科学的计算与规划，以统筹各地所需的医疗物资及设备。同时借助信息平台绘制知识图谱，精准把握现阶段所拥有的设备资源及利用情况，并评估未来所需的数量及所达的质量，以形成信息预测专项数据，完善医疗物资和设备生产供应链，确保信息监控的力度和效度。

（2）织密社会化筛查网络

在疫情防控期间，通过出行交通网络筛查、线上疫情防控信息筛查等对疫情敏感人群进行监测，同时可通过线上信息采集，以地毯式、无缝式、精准式的筛查数据，有效弥补人工筛查耗时耗力的不足。为适应应急新常态，信息筛查工作必须实现多方面协同联动，主要是对疫情敏感人群的分类筛查，通过探索交通网络布局、家庭亲属网络衔接等多个领域的社会化筛查模式，在更广泛范围内提升筛查力度。运用"互联网＋筛查"实现技术融合，构建智能化风险链条体系，采用分类预测模型对危机事件背后的敏感人群特征进行分析，并进行多点动态跟踪，确保疫情防控的时效性及准确性。

（3）强化动态性筛查辅助

通过构建信息资源平台，实现信息共享，强化对应急基础信息的筛查、排除、利用等，对资源进行汇聚和整合，以提高应急现场获取信息的能力和对灾情研判的效能，着力提升决策指挥机制及应急执行机制等辅助机制建设。依据数据信息共享实现数据融合运用，通过数据筛查感知风险作出应急响应，以动态性、能动性提升数据信息在应急管理中的功能。重点加强信息筛查机制对危机事件从事前、事中及事后整个流程的多点辅助，确保整个应急管理工作的高效有序进行。

**3. 构建正向干预的信息多元化应对机制**

信息多元化的应对是危机应对的重要组成部分，通过信息公开共享有效控制信息走向，以强化突发公共卫生事件的信息分析功能。负面信息传播具有极端化、不可控性，给网络环境及社会治理带来消极影响，公共部门应正向干预、积极引导其正向效用。通过对公共卫生事件的正向引导、信息传播态势分析及聚焦回应等健全应对机制，以营造健康的网络环境。

（1）坚持正价值化导向

突发公共卫生事件会给公众造成巨大的心理冲击，多数公众面对恐慌会存在从众心理，容易形成不正确的价值导向。首先，遵循科学的价值导向原则，并通过信息发布进行呈现。其次，依托多方媒体进行价值引导，以主流媒体信息导向营造正面"舆论场"。借助电视、报纸和网络平台等全面整合和灵活传播各种信息，形成危机事件传播的主流声音。再次，组建专业报道团队，以各大新闻媒体为中心，多频道参与信息发布，实时报道，24 小时刊发应急态势分析，并及时与相关新闻和评论进行互动，对敏感事件、重大问题和舆论焦点给予必要的引导。

（2）分析信息传播态势

分析研判作为应对信息多元化传播的重要工作部分，是线性过程的体现，是做好信息发布引导的重要基础。首先，建立科学的分析机制。科学、标准的分析研判机制能及时、准确地指导信息传播的方向。通过设立专业机构进行监督和反馈，正确把握信息传播规律，提高信息发布工作的效率。其次，拓展分析研判方法。从突发公共卫生事件发生的时间、地点、影响力、关注度等各方面设计研判指标，不断进行指标测试和完善，将动态监测和静态分析相结合，依托技术手段健全信息传播研判系统。再次，规范开展分析研判工作。通过相关专业学科理论知识的分析，并结合实际工作，分析信息传播出现的相关影响因素，做好信息归纳和整理，并体现为不同工作流程，以提升信息分析研判水平。

（3）找准信息发布回应焦点

近年来，网络格局发生着巨大的转变，使得突发公共卫生事件信息传播范围广，极大影响了应对的准度和效度。一方面，宏观把握全局定位。注重信息的收集和总结，以明确网上信息传播阶段和走向。网络信息传播发生具有即时性，对突发公共卫生事件的应对具有指向性，可在短时间内利用线上和线下网络预警对突发公共危机事件相关区域信息传播问题进行多维分析，找到关注评论焦点，辅助决策者进行有效应对。另一方面，掌握规律以迅速制动。及时是信息传播处置的关键，应对的有效性体现在应对环节的"快实现"。突发公共卫生事件信息传播规律具有阶段性，应根据不同的阶段做出态势分析回应，在发生初期以敏锐的察觉机制把握焦点，在发生中、后期重视公众诉求，实现有序引导走向和及时有效应对。

**4. 优化强劲稳妥的后续支持机制**

疫情的冲击是短暂性的、阶段性的，随着现阶段疫情防控成效显现，疫情防控逐渐步入常态化，民生发展、经济等方面将逐步回归常态化。民生是发展的起点和归宿，疫情的爆发极大影响了公众生产生活基本状态，必须依靠强劲稳妥的后续支持机制促使民生保障回归常态化，进而稳定社会情绪、促进社会稳定。

（1）全面筑牢民生兜底保障

回归正常的社会生活状态是社会情绪稳定的基础，从关乎公众基本生活的衣食住行等方面出发给予帮助，切实解决公众迫切需求。对于关乎公众切身利益的养老、医疗等方面予以高度关注，老人群体方面要更加注重其健康状态，并给予政策帮助提高晚年生活质量；医疗方面要提高对于大病医疗报销额度，结合分级诊疗工作的有序推进，提升医疗保险等基本公共服务的供给能力。特别是对于基层医疗卫生工作的健全和完善，应通过夯实基层工作的医疗网络体系，加强乡镇（街道）公共卫生管理工作，切实强化民生兜底保障。

（2）系统健全精神卫生体系

正确的医疗诊治和心理引导是缓解公众心理的有效途径。一方面，通过压力缓解、教育科普、情绪疏导等方式缓解疫情带给人们的心理创伤，对于创伤群体积极引导其参与社会活动，确保脆弱群体和边缘群体的容纳性，同时将短期关注和援助转化为长期服务，以推动精神卫生机制的建设。另一方面，大力推进公共卫生的社会性参与，增强公共卫生社会支持的持续性，以提高自救和社会互救的能力。社会工作者倾向于进行周期性的陪伴照顾，这对于创伤群体情绪安慰及心理疏导等有着很大的帮助，鼓励相关社会组织及社会工作者介入，进行心理干预，增强其协调联动作用。同时通过教育科普健康知识，鼓励公众强化对身体健康的自我意识，提高身体和心理素质，最大限度地减弱和化解危机事件带给公众的创伤，以促进社会情绪的正能量化。

（3）有效提升公众自身素养

良好的公众素养是缓解社会情绪、稳定社会治理的重要保障。一方面，加强基础教育的系统化。在社会治理过程中，从家庭、学校、社会及国家等各层面出发，加强基础教育的效用扩大化，有效提升公众的公民素质和科学素养，引导培育正确社会价值观。另一方面，必须确保法律意识的日常化。通过理论学习及实践参与提高自身法律素养，以法律效力规引正确价值导向。

## （六）社会多方参与的充分有序化

汇聚方能成量，有序方能有力。引导社会各界深入参与、有序参与危机管理是实现力量整合、共治共享的有效途径。社会力量主体多元、组织灵活，在危机发生时能快速反应、多方配合，对应急管理工作的有效开展具有重要的推动作用，已逐步成为应急救援力量体系的重要部分。近年来，我国逐步引导社会力量参与应急相关实践工作。如2019年上半年，应急管理部组织举办全国首届社会力量技能竞赛，以凝聚一批高水平社会应急力量，提高社会力量参与的有序性和救援的高效性，突显出国家对社会力量参与应急的重视程度。社会力量的参与涉及应急救援、社会动员、信息共享及恢复重建等多个流程。现阶段，面临公共卫生事件频发的挑战，如何把握具体流程，探索实现社会力量参与的有序性显得尤为重要。

**1. 健全多元协同的应急救援机制**

应急救援是指危机发生时从人、财、物等多方面实现即时供应、全力救援。应急救援机制是为保证迅速、有效开展救援工作，并尽可能降低损害程度而预先制定的相关计划与方案，在通过综合把握评估潜在风险、危机发生的可能性、发生过程与危机程度等基础上，对开展救援涉及的人员、物资等方面所做出预先安排。应急救援机制是应急管理执行机制的核心，新形势下健全多元协同的应急救援机制关系到应急救援的最终成效，是健全应急管理体系的重要组成部分，具有实践的迫切性。

（1）多主体应急队伍参与

基于对现状的分析和以往经验的借鉴，多元主体参与救援对应急管理工作起着不可忽视的作用，是应急管理执行过程中的有力帮手和有效助力。德才兼备的应急救援队伍是应急救援专业化的前提，多元协同的应急救援机制需要多主体的共同参与。一方面，专业的应急救援人才队伍发挥了关键作用，专业应急救援人才不仅要素质过硬，更要专业技能过硬。对于突发公共卫生事件必须让具备专业化的应急救急小组负责医疗急救，除此之外对于公共卫生、流行病学等相关领域还需安排专业公共卫生应急小组来负责。另一方面，加强对其他主体的动员能力，政府、企业、非政府组织及志愿者个人等作为社会救援力量的辅助，发挥其多领域、多层次应急救援的辅助作用，协助专业人员有效、有序地开展救援工作。

（2）多层次应急物资供给

应急物资的有效供应是应急救援及时性的基本体现。面对突发公共卫生事件，如何有序、高效、全面地为一线救治工作供应应急物资是物资保障工作的重点与难点。一是构建信息化平台。依靠信息化科技手段，打造应急物资信息化平台，借助集团化统一分配手段，实现物资筹措、入库、发放等环节全流程信息化管理。二是加强物资调配管理。实时掌握各公共卫生机构物资储备情况，高效调度、合理配置、有序保障各类应急救援物资的调动和分配。三是强化应急物资保障功能。加强应急管理相关部门的信息沟通，实现多部门合作、多渠道筹措、多区域调配相统一，以多层次的物资供应保障应急救援的及时性。

（3）多渠道应急资金投入

应急资金的投入是应急救援高效性的现实保障。应急管理中的财政资金指各级政府用于灾害管理全过程的资金，包含财政资金、银行机构的金融资金、保险机构的保险资金及社会各界的捐赠资金。通过拓宽应急资金筹措渠道，将各级各类金融、慈善、保险组织等社会各界力量动员起来，实现资金来源多元化，以充足的资金投入保障应急救援工作的快速开展，确保执行的力度和效度。强化应急资金使用的多元监督体系，确保资金投入的规范化。

**2. 构建多措并举的社会动员机制**

重大突发公共卫生事件的发生关乎社会治理全过程，涉及人民健康、社会稳定各个方面，必须依靠全社会人民的共同参与。高效的动员社会成员参与到应急管理的各项工作中，是有效开展应急救援的关键，同时也是落实国家安全观和实施健康中国行动的重要举措，如图5－8所示。

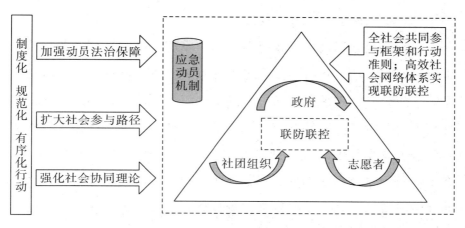

图5－8　多措并举的社会动员机制

（1）加强应急动员法治保障

新形势下，社会动员在应急管理不同阶段、不同领域均得到广泛的认同，社会动员机制的完善也是应急管理现代化建设的重要组成部分。按照"补短板、堵漏洞、强弱项"的要求，必须立足于现状，重新审视应急管理相关法律法规建设。一是构建社会动员机制法律法规体系。就社会动员中目标、程序、方法及保障措施等方面进行明确，从时代价值出发，对于社会动员的权利与义务进行相关说明，并通过细化条例完善社会资源的运用及补偿机制，力促实现有序和谐的社会动员环境。二是加强社会动员机制在应急管理体制机制中的理论支撑。基于我国特色的制度体系，强化应急保障法制建设，通过将应急管理社会动员机制在预案中明确定位，从理论角度完善动员机制的法治体系。三是强化社会动员的整合效应。通过社会动员的合力作用，将社会力量进行整合，达到协商一致的目的，整合并不是简单的多元主体参与，必须借助于刚性规定，强化社会动员的整合效力。

（2）扩大应急社会参与途径

在新公共管理视角下政府角色向"掌舵"者的转变，要求重新审视政府与市场、政府与公众之间的关系，重大危机事件的应对也必须适应公共治理理念。通过不同层次、不同阶段、不同主体的参与将突发公共卫生事件的应对过渡到每个社会成员，社会力量将以不同的方式参与到应急管理实践中。基于扩大社会力量参与领域，明确社会力量参与不局限于应急处置过程，积极引导其参与应急预防和灾后重建过程。不断提升在改善公共服务和加强管理中化解安全隐患的能力、在应急管理中社会参与的能力、在安全意识引导中危机意识宣传的能力、在公共危机管理中媒体介入的能力。

（3）强化社会协同治理理念

中国共产党第十九次全国代表大会报告明确提出要打造共建共治共享的社会治理格局，提高社会治理的社会化水平，促进社会治理体制机制的完善。应急管理必须适应新的社会治理格局，创新治理体制，以社会治理协同提升治理效能。通过创新群防群控、联防联控机制将危机应对与社会治理有效融合，建立与治理相结合的社会动员机制。通过联合医疗机构、社会组织、基层管理等相关主体形成社会网格化治理，日常自助互助，急时群防群控，以社会治理一体化推动社会动员机制的长效化。

**3. 完善多维支撑的信息共享机制**

应急管理中信息需要共享、也必须共享。信息资源的共享上升为应急管理的工具，必须保证共享的稳定性和长效性，更需依托其机制体制的完善。信息共享机制的完善需借助于稳定的制度环境、强劲的技术支持和社会化的质量监控保障等方面，切实推动信息共享从理论的"点"上升到实践的"面"，进而有效避免因信息孤岛而影响应急管理工作的进行。

（1）依托制度环境支撑基础

公共卫生环境的法治化建设离不开公共卫生信息共享平台的建设，相应的应急信息共享平台的建设也必须依托于公共卫生制度环境做支撑。法治是应对突发公共卫生事件的制度保证，越到危急时刻就越要发挥法治的作用。一方面，加强应急信息公开的法治化建设。在信息共享中要明确各主体的权利与义务，以制度和规范作为保障和约束，加强信息共享的监督和激励作用，将信息共享纳入规范化轨道中来，进一步加强对信息公布的准确性、真实性、及时性。另一方面，构建应急信息共享责任制。通过立法及宣传，将应急信息共享作为各部门之间的责任与义务，应出台相关政策措施将跨部门、跨地区应急信息共享管理列入应急管理基本流程，以法治保障信息共享的普遍化，实现应急信息共享的常态化管理。

（2）构建网络技术支撑平台

信息共享是一个动态的发展过程，受到网络环境、技术发展等多方面因素影响。在信息化发展阶段，互联网带来通达世界范围的搜寻服务，使得公众通过互联网实现网上不同地点数据搜集和流通，进行最大范围的网络信息资源共享。随着信息技术的不断发展，应急管理现代化建设必须依托网络技术支撑平台，以实现线上资源共享。同时以技术支撑加强对网络信息的整理和筛选，尽可能避免负面信息传播，强化网络技术发展对于应急管理信息共享机制的推动作用。

（3）加强质量监控支撑保障

对信息质量的合理把关是信息共享机制的重要保障。一方面，通过完善信息共享的标准化体系，保障应急信息共享的质量。应发挥政府的主导作用，以多渠道方式整合社会对于信息的诉求并将其诉求作为信息共享的主要方向进行信息公开，满足社会所需信息的质量标准。对于社会中多元信息的传播通过质量监控标准进行评估，以提升信息开发和共享能力。同时积极发挥社会力量的参与作用，利用信息甄别专业机构、科研院所等各方面共同参与制定应急信息公开的相关标准，提升应急管理信息共享的效度。另一方面，推动我国当前应急信息标准全球化接轨。突发公共卫生事件属于全世界的共同难题，必须加强与国际组织协同推动应急信息全球共享的标准化建设。

**4. 优化多轮驱动的恢复重振机制**

恢复重振机制的建设是实现"非常态管理"到"常态管理"转变的关键环节，是应急管理不可或缺的组成部分。疫情发生后为保障正常的社会和经济活动，修复基础设施、恢复正常社会生活，建立一套从规划到实施等过渡性流程的应急管理工作。疫情新常态下，应急管理从抢抓救治转为防控恢复，健全突发事件恢复重振机制具有现实的迫切性，不能简单依靠弥补损失来实现恢复，要从经济、社会、环境、文化等方面全方位驱动发展。

（1）灾后恢复多域协同

危机事件的发生给各方面都带来巨大的冲击，"恢复"是应急处置与救援结束后，为恢复正常的社会秩序和运行状态，从经济、社会、环境等领域所采取的一切恢复措施的总和。首先在经济方面应统筹推进企业复工复产，通过社会各部门共同协助，强化企业安全风险的研判，以及创新安全监管方式等措施，推进复工复产的安全防范工作，为新常态化下的疫情防控打好经济基础；其次在社会方面应促进社会稳定有序发展，通过社会情绪疏导、受灾群体心理安抚等方式完善心理干预机制，借助教育培训宣传，传达社会正能量，做好价值引导；再次在环境方面应加强规范管理，总结公共卫生事件相关诱发因素，对环境卫生及食品安全等方面加大市场监管力度；最后强化文化内生价值，强化生态文明理念的建设，以文化的包容性和教导性助推社会的良性持续发展。

（2）灾后重振多元参与

"重振"重在抓住机遇，在解除"危"的情况下，对事件所影响区域内物质和精神两方面的重塑和再造，以确保其达到或超过灾害发生之前的状态。常态化的应急管理应把实现由"灾后重振"向"灾后共建"的转变作为整个应急体系的关键环节，恢复重振机制的建设是一项长期的动态工程，不仅是恢复，更是发展，事关全体公众的共同利益，周期长、任务重，必须结合一切力量。公共部门作为重振工程的主要规划者和负责人起着统筹指导作用，利用公共权力和运用公共资源对灾后重振从整体上进行把握、统揽全局，其参与形式表现为"政策先行＋保障在后"；社会组织以"后备援军、有效助力、资源补充"有效实现参与协同，在重振过程中保障资源投入和监督的长效化；企业作为市场主体，以"科学救助、有序参与"的原则介入到恢复重振过程中，成为重振有力帮手；公众作为主体力量，在重振过程中将发挥其主体作用，由被动变为主动，强化其自身"造血重振"能力，并与其他多元主体参与的"输血共建"相结合，以实现恢复重振的强动力、快节奏和高效率。

（3）灾后发展防促兼容

突发公共卫生事件具有周期性和反弹性，在日常工作中应该坚持危机防控和促进发展两手抓。现阶段疫情的防控，还面临外防输入、内防反弹的现实态势，是一个艰巨和长期的过程。这就要求应急保障机制在促发展的同时重视疫情的防控、在疫情防控过程中促进发展，实现两者有效兼容。恢复重振不仅是对突发公共卫生事件恢复与重振，还应纳入社会发展总体进程中。社会生产和经济活动是一个社会最基础的运行活动，通过对灾区社会生产及经济方面的恢复，促使其恢复到正常工作生活状态，进而保证人民群众经济收入、促进社会稳定、推动社会发展。

# 参考文献

[1] 蔡立辉. 加强和创新应急体系建设的科技支撑 [N]. 中国应急管理报，2019－11－19（002）.

[2] 谷玮，严光，王文婷，等. 新冠肺炎疫情应急物资保障实践探讨 [J]. 现代医院，2020，20（08）：1180－1182＋1186.

[3] 李君如. 深刻认识疫情防控这次大考 [N]. 人民日报，2020－4－23（09）.

[4] 刘宁. 公共危机管理决策支持系统研究 [D]. 武汉：华中师范大学，2007.

[5] 马慧敏，杨青. 突发公共危机应急管理国际合作机制研究 [J]. 武汉理工大学学报（信息与管理工程版），2008，30（006）：944－947＋951.

[6] 马奔，毛庆铎. 大数据在应急管理中的应用 [J]. 中国行政管理，2015，（03）：136－141＋151.

[7] 钱洪羽. 论应急管理中的财政资金及财力保障体系规划建设 [J]. 审计与理财，2019，（01）：30－34.

[8] 孙建平. 城市安全风险防控概论 [M]. 上海：同济大学出版社，2018.

［9］王改红．论社区在新冠疫情防控中的阻击作用及发挥［J］．潍坊工程职业学院学报，2020，33（04）：68－73．

［10］张建．应急管理新思维——基于疫情的多维度思考［M］．成都：四川大学出版社，2020．

［11］张宁歌．我国突发公共事件应急管理现状及对策研究［J］．法制博览，2020（21）：77－78．

［12］张军扩．经济稳增长与平衡点孰轻孰重？——新常态下的中国经济探究［J］．商业文化，2015（24）：37－43．

［13］赵海星，王耀．加强统一指挥 提高应急治理效能［J］．中国应急管理，2020（04）：33－36．

［14］周慧．地方综合年鉴社会部分分类、标题及记述范围——以中国年鉴精品工程2018年卷申报年鉴篇目初稿为例［J］．中国年鉴研究，2018（03）：44－55＋79－80．

［15］俎晓芳，郑军红．网络信息资源共享的运行机制与管理模式探讨［J］．软件导刊．2009，8（03）：132－133．

# 后　记

这是一本应运而生，因势而成的书。

2019 年 11 月 29 日，习近平总书记在主持十九届中央政治局第十九次集体学习时强调：“要发挥我国应急管理体系的特色和优势……积极推进我国应急管理体系和能力现代化。”① 疫情是对治理体系和能力的一次大考，一定要总结经验、吸取教训，提高处理急难险重任务能力。

于是，成都改革发展研究中心本着围绕经济社会发展和改革开放中的全局性、综合性、战略性问题开展跟踪研究和超前研究的使命担当，开始了对应急管理常态化系统研究的历程。2020 年 5 月，全国哲学社会科学工作办公室对我中心联合四川大学申报的《坚持党的集中统一领导应对重大突发事件的制度优势、效能与经验研

---

① 习近平在中央政治局第十九次集体学习时强调　充分发挥我国应急管理体系特色和优势　积极推进我国应急管理体系和能力现代化 [J]. 中国应急管理，2019 (12)：4—5.

究》课题进行了立项。我们倍感振奋和倍受鼓舞。

为了研究应急管理，我们认真贯彻落实习近平总书记关于应急管理重要论述的精神。自 2020 年 2 月伊始，陆续有《关于提升疫情应急管理科学化水平的思考与建议——基于疫情防控过程的分析》《加强"五种思维"培养 切实提升干部应急管理能力》《后疫情期加快经济发展系列策略研究》等多项专题研究成果，《应急管理新思维——基于疫情的多维度思考》专著于 2020 年 5 月顺利出版。

随着疫情防控进入新阶段，前期大量的学术研究尤其是应对策略的即时性研究活动，激发了我们撰写出版有关应急管理新常态专著的想法。《应急管理新常态的多维度建构》一书，就是一本值得关注的全面探讨和科学阐释有效应对突发公共卫生事件的专著。本书在阐述应急管理常态化防控的重要性、紧迫性、艰巨性的基础上，按照突发事件发生发展变化的生命周期，提出了做好应急管理工作的重点任务，构成了应急管理能力提升的多维度理论框架和应对策略。

应当注意，本书中任何看起来平淡无奇的部分，都有"匠心"在里面。本书有两个突出的特点：一是鲜明的实践性，二是严谨的学理性，追求理论性、深刻性与生动性、体验性并重。本书着力从多角度对应急管理做全景式阐述，着重体现：逻辑与历史相统一，从总论到分论，以应急管理职能为主线。

作者们以抗疫精神推进书稿写作，令人感动。2020 年 7 月 28 日开始启动，张建负责策划统筹、大纲、序言、总论撰写和拟定各章节写作提纲，涵盖总体谋划、规律探索、实施路径、节点控制、体制机制等内容，并完成统稿和各章节修改；8月中、下旬组织了多轮讨论；12月8日起，连续一个月对篇、章、节及逻辑建构等进行全面修改调整，形成样稿。全书撰写分工是：张溢洋、万小东、张乐、李培东全程核校；总体谋划篇（朱敏、杨文菊），规律探索篇（张乐、李培东），实施路径篇（彭虹、张晓云），节点控制篇（张乐、徐瑞玲、万小东、李培东），体制机制篇（郭姣、李津）。样稿杀青之后，王波、李杨露、赵闻潇、刘霁月、王继杭、夏雪等认真参加校对。感谢武汉大学政治与公共管理学院行政管理系吴湘玲教授、博导审定提纲。感谢北京大学政府管理学院城市与区域管理系主任薛领教授、博导给予"应急管理是国家发展的重大需要，你这本书适逢其时"的鼓励。感谢成都青羊总部经济区诸位同仁的鼎力支持和作为省市抗疫先进集体的经验借鉴。感谢四川大学出版社曾鑫同志在选题、编校等方面给予全力支持。感谢成都市城市安全与应急管理研究院院长杨信林、复旦大学公共卫生学院副教授张璐莹、电子科技大学应急科普研究中心蔡鹏、成都高新技术产业开发区慈善会王仪松、中共成都市委党校江东东的关切和支持。

　　我们研究应急管理新常态，坚持放眼长远、总结经验、汲取教训，切实面向决策需求、增强问题意识，做到精准破题、有效解题，围绕相关基础理论问题、法律法规问题、态势研判问题、科学处置问题、体制机制问题组织开展研究，为提高防控应对重大疫情，防范化解重大安全风险，应对处置各类灾害事故等重大突发事件的能力水平提供规律遵循和智力支持。

　　本书出版，正值疫情防控处于零星散发和局部聚集相交织的背景之下，同时也处于全球疫情严峻复杂之际。我们相信，本书对提高各级领导干部应对危机与风险的研判力、决策力、掌控力、协调力、引导力和学习能力定会发挥重要作用，对开展应急管理常态化理论实务研究、加强应急管理教育培训定会起到积极影响，让关心应急管理事业发展的理论工作者、实务工作者能够从中受益和借鉴。由于时间仓促，水平有限，不足之处在所难免，敬请各位读者批评指正。

**2021 年元月 16 日**